DIE DOMÄNEN

DER

RÖMISCHEN KAISERZEIT.

Von

Dr. jur. RUDOLF HIS.

LEIPZIG,

VERLAG VON VEIT & COMP.

1896.

Druck von Metzger & Wittig in Leipzig.

Vorwort.

Die vorliegende Untersuchung richtet ihr Hauptaugenmerk auf die römische Domänenverwaltung der späteren Kaiserzeit. Die Periode von Augustus bis auf Diocletian ist nur in einer kurzen Übersicht behandelt worden. Hier konnte ich mich auf die Darstellung der Centralverwaltung bei Hirschfeld, Mommsen u. a. stützen; über die unteren Instanzen und die Bewirtschaftung der Domänen besitzen wir jetzt die vortrefflichen Untersuchungen von M. Weber und Schulten.

Für die spätere Zeit bieten die allgemeinen Darstellungen der Verfassungsgeschichte vieles auf unseren Gegenstand bezügliche, doch fehlte es bis vor kurzem an einer Spezialuntersuchung über denselben. In neuerer Zeit sind nun zwei französische Dissertationen erschienen, die die Domänenverwaltung der constantinischen Zeit ausführlich behandeln: Lécrivain, De agris publicis imperatoriisque ab Augusti tempore usque ad finem Imperii Romani, Paris 1887, und R. Wiart, Le régime des terres du fisc au Bas-Empire, Paris 1894.

Die Arbeit von Lécrivain ist flott geschrieben, dabei aber oberflächlich und ungenau. Eine sehr tüchtige Leistung ist dagegen das Buch von Wiart, das nur mitunter durch die seltsame Interpretation einzelner Quellenstellen zum Widerspruch herausfordert.

Als Quellen kommen für die spätere Zeit fast ausschließlich die Constitutionen des Codex Theodosianus und Codex Justinianeus in Betracht: die Inschriften, die für die frühere Kaiserzeit eine Fülle schätzbaren Materials liefern, lassen uns später fast völlig im Stich. Dagegen sind einzelne Bemerkungen der Schriftsteller und der Ravennatischen Urkunden, soweit thunlich, verwertet worden.

Heidelberg, im Sommer 1896.

Der Verfasser.

Inhalt.

Erster Teil. Die Domänenverwaltung von Augustus bis auf Diocletian . . . . S. 1—17

fiscus 1 — *patrimonium principis* 2 — *res privata* 5 — Selbstwirtschaft und Verpachtung 7 — Zeitpacht 8 — *Ager vectigalis* 9 — *Ius privatum salvo canone* 10 — Wirtschaftsbetrieb, Hofland und Colonenhufen 11 — Stellung zur ordentlichen Verwaltung 14.

Zweiter Teil. Die Domänen der späteren Kaiserzeit . . S. 17—117

1. Der Sprachgebrauch der Quellen . . . . S. 17—37

fundi patrimoniales und *rei privatae* 17 — *patrimonium nostrum* 20 — *res nostra* 21 — *domus nostra, domus divina* 21 — Domänenkasse 24 — Veränderung des Sprachgebrauchs unter Anastasius und Justinian 25.

2. Die drei Klassen der Domänen . . . . S. 27—33

res privata 27 — *fundi patrimoniales* 28 — *domus divina* 28 — *praedia tamiaca* 29 — Bedeutung der drei Klassen 31.

3. Die *res privata* . . . . S. 33—70

Vermehrung der Domänen in konstantinischer Zeit 33 — Einkünfte des Kronschatzes 42 — Veräußerung von Domänen 43 — Statistik der Domänen und der *res privata* insbesondere 45 — *Comes rei privatae* 43 — sein *officium* 52 — *Rationales* und Provinzialprokuratoren 55 — Gutsprokuratoren 63 — Sonderverwaltungen 65 — Bezeichnung des einzelnen Domanialgutes 67.

4. Die Verwaltung des *sacrum patrimonium* . . . . S. 70—75

fundi patrimoniales, saltuenses, limitrophi 71 — Statistik der Patrimonialgüter 72 — Verwaltung vor Anastasius 72 — *Comes sacri patrimonii* 73.

5. Die Verwaltung der *domus divina* . . . . S. 75—82

Auftreten der *domus divina* 75 — Verwaltung der kappadokischen *domus* 76 — Verwaltung in den übrigen Landschaften 78 — *Curatores divinae domus* 79 — Güter der Kaiserin und der Prinzen 81.

6. Die Verwertung der Domänen . . . . S. 82—89
Eigenbetrieb und Verpachtung 82 — Großpacht nnd Kleinpacht 84 — Verpachtung und *adiectio* 85 — Großbetrieb: Hofland und Colonenhufen 86 — Inquilinen 89.

7. Die Zeitpacht . . . . S. 89—90

8. Das *Ius perpetuum* . . . . S. 91—94
Begriff 91 – Rechte und Pflichten des Erbpächters 92 — Verhältnis zum *Ius in agro vectigali* 93.

9. Das *Ius privatum salvo canone* . . . . S. 94—97
Begriff 94 — Verhältnis zum *Ius perpetuum* 95 — Verwandte Erscheinungen 96.

10. Die Emphyteusis . . . . S. 97—106
Ursprünglicher Charakter 97 — Inschrift von Thisbe 98 — *Lex Hadriana de rudibus agris* 100 — Anwendung im 4. Jahrhundert 101 — Gestalt des Institutes in dieser Zeit 103 — Verschmelzung mit dem *Ius perpetuum* 105.

11. Das Verhältnis der Domänen zu der ordentlichen Verwaltung . . . . S. 106—117
Verhältnis zur Steuerverfassung 106 — *fundi rei privatae* 107 — *fundi patrimoniales* 111 — Verhältnis zur Gerichtsverfassung 113 — Verhältnis zur Gemeindeverfassung 114.

Erster Teil.

Die Domänenverwaltung von Augustus bis auf Diocletian.

Das römische Kaisertum übernahm von der republikanischen Verwaltung einen bedeutenden Domänenbestand.[1] Allerdings war in Italien der alte *Ager publicus populi Romani* bis auf geringe Reste in privates Eigentum übergegangen; was übrig blieb, war zum größten Teil Wald und Weideland. Die *subseciva*, Äcker, die bei der Gründung von Colonien oder Einzelassignationen nicht mit vermessen worden waren, überließ Domitian[2] den Besitzern der Nachbargrundstücke zu Eigentum.

In den Provinzen dagegen verfügte der Staat über sehr beträchtlichen Landbesitz. Als nun Augustus die Provinzen zwischen *princeps* und Senat teilte, nahm er naturgemäß auch die Domänen der kaiserlichen Provinzen in seine Verwaltung und überwies ihren Ertrag der neuen kaiserlichen Hauptkasse, dem *fiscus*. Die Staatsländereien der übrigen Provinzen blieben im Besitz des

---

[1] Hirschfeld, Untersuch. auf d. Gebiet d. röm. Verwaltungsgeschichte, p. 1—62. — Mommsen, Röm. Staatsrecht II³, p. 833ff; Das Dekret des Commodus für den saltus Burunitanus, Hermes XV, p. 385—411. — Marquardt, Röm. Staatsverwaltung II³, p. 148—266. — Friedländer, Sittengesch. Roms I⁵, p. 82ff., 170ff. — Karlowa, Röm. Rechtsgeschichte I, p. 504ff. — Lécrivain, De agris publicis imperatoriisque ab Augusti tempore, Par. 1887. — Weber, Röm. Agrargeschichte, Stuttg. 1891. — Wiart, Le régime des terres du fisc au Bas-Empire, Par. 1894. — Schulten, Die röm. Grundherrschaften, Weim. 1896. — Meitzen, Siedelungen und Agrarwesen der Ost- und Westgermanen, Romanen u. s. w., Berl. 1895, I, p. 322—377.

[2] Suet. Domit. c. 9. Sicul. Flacc. (röm. Feldmesser), p. 62.

römischen Volkes und ihr Ertrag floß in das *Aerarium populi Romani.* Doch trat diese Kasse im Lauf der Zeit mehr und mehr hinter dem *fiscus* zurück, um dann am Ende des 3. Jahrhunderts zur bloßen Gemeindekasse der Stadt Rom zu werden: die Steuern und übrigen Staatseinkünfte gingen nach und nach alle an den *fiscus* über und mit ihnen auch die Domänen, die bis dahin noch dem Ärar verblieben waren. Aber diese Entwickelung ist nicht so früh vor sich gegangen, wie man häufig annimmt: die Alimentartafeln aus der Zeit Trajans zeigen uns den *populus Romanus* noch als Grundbesitzer, ein *procurator Augustorum nostrorum ad fu[nct. fru]menti et res populi per tr[actum] utriusque Numidiae* begegnet unter Septimius Severus und ein *procurator vectigalium populi Romani quae sunt citra Padum* sogar noch im 3. Jahrhundert.[1] Allerdings war damals das Volk nur dem Namen nach noch Eigentümer und die Ländereien am Po und in Numidien standen, wie schon der Titel *procurator* beweist, schon längst unter kaiserlicher Verwaltung.

Die Centralkasse des *fiscus* in Rom wurde von einem Beamten verwaltet, der zuerst *a rationibus*, später *procurator a rationibus, procurator summarum rationum* oder einfach *procurator Caesaris* hieß. Unter ihm standen die fiskalischen Beamten der einzelnen Provinzen, die ebenfalls den Titel *procurator* führten.

Schon unter den ersten Kaisern trat neben den *fiscus* eine besondere Verwaltung für das kaiserliche Privatvermögen *(patrimonium principis)*, das von Anfang an bedeutend, durch Vermächtnisse, einzelne Confiscationen u. s. w. recht bald zu einer kolossalen Ausdehnung anwuchs. Zum *patrimonium* gehörten vor allem die kaiserlichen Paläste in Rom, ferner zahlreiche kaiserliche Luxusvillen in Tibur, Tusculum und Albanum, in Antium und an vielen anderen Orten der latinischen und campanischen Küste; dazu kamen eigentliche Landgüter in den verschiedensten Teilen Italiens, wie z. B. die ausgedehnten Ländereien des Vibius

---

[1] C. J. L. VIII, 18909 (Schulten, p. 139, denkt hierbei an fiskalische Besitzungen). C. J. L. III, 249. Vgl. Wilmanns, 1281. Marquardt, II, 255. Lécrivain, p. 11. Auch einige Ziegelstempel „*ex praediis populi Romani*" sind erhalten. Vgl. die Stelle des Neratius (unter Trajan) l. 14 D. 41, 1 „*ea quae in patrimonio sunt populi*".

Pansa an der Küste von Venetien und Istrien, von denen uns massenhafte Ziegelstempel erhalten sind.[1] Aber diese Besitzungen waren noch klein neben den ungeheuern Ländereien, die die Kaiser in den Provinzen besaßen: so vermachte Agrippa dem Augustus die ganze thrakische Chersonnes, und die afrikanischen *saltus*, die wir aus zahlreichen Inschriften kennen, übertrafen manches Stadtgebiet an Ausdehnung.[2]

Dieses bedeutende Vermögen wurde von einem kaiserlichen Hausbeamten verwaltet, der in der ersten Zeit ein Freigelassener war und den Titel *a patrimonio* oder *procurator patrimonii*[3] führte. Ob dem *procurator a rationibus* auch über das kaiserliche Privatvermögen die Oberaufsicht zustand,[4] ist nicht mit Sicherheit zu entscheiden.

In der Umgegend von Rom waren die einzelnen Patrimonialgüter, wie es scheint, direkt von der Centralleitung abhängig, in den Provinzen wurde die Verwaltung in verschiedener Weise eingerichtet. Wo der Bestand der kaiserlichen Güter nur gering war, übertrug man dem fiscalischen Provinzialprokurator die Aufsicht über die kaiserlichen Güter. In den übrigen Provinzen setzte der Kaiser besondere *procuratores patrimonii*[5] ein, und zwar für einen größeren oder kleineren Sprengel, je nach der Anzahl und Bedeutung der Patrimonialgüter der betreffenden Gegend.[6] Wir kennen einen *procurator p(atrimoni) tractus Apuliae Calabriae Lucaniae Bruttiorum*,[7] einen *proc. patrimonii prov. Belgicae et duarum Germaniarum* und einen *proc. patrimonii Bithyniae Ponti Paphlagoniae.*[8] In Afrika, wo die kaiserlichen Besitzungen besonders zahlreich waren, waren naturgemäß die Bezirke der Domänenverwaltung kleiner: sie umfaßte nur den Teil einer Provinz. Solche Distrikte waren der

[1] C. J. L. V, 8110, 1—28.

[2] Frontin, röm. Feldmesser, p. 53, *multis saltus longe maiores territoriis.* Eine Statistik der bekannten kaiserlichen Güter geben Hirschfeld, p. 24, Friedländer, I, 234 und Lécrivain, p. 30—36.

[3] Belege bei Hirschfeld, p. 41 und Lécrivain, p. 43f.

[4] Dies ist die Ansicht von Hirschfeld, p. 35.

[5] Zuweilen auch, wie die fiskalischen Prokuratoren, *procuratores Augusti* oder *Caesaris* genannt.

[6] Vgl. Schulten, p. 62—72, wo die Domänenbezirke verzeichnet sind.

[7] C. J. L. IX, 334. [8] Wilmanns, 1239.

des *procurator patrimoni tractus Carthaginiensis*[1] und der des [*proc.*] *patrimoni per regionem Leptitanam.*[2] Die afrikanischen Inschriften geben uns noch mehrere solcher Districtsprokuratoren, *procuratores tractus*, wie die technische Bezeichnung lautet, aber ohne uns zu sagen, ob es sich um Beamte des *fiscus* oder des *patrimonium Caesaris* handelt.[3] Die proconsularische Provinz zerfiel demnach in die *tractus Carthaginiensis*[4] und *Hadrumetinus*[5] (und *Leptiminensis* für das *patrimonium*); Numidien in die *tractus* von Hippo und von Theveste.[6] Wahrscheinlich sind in allen diesen Fällen Verwaltungsbezirke des *patrimonium principis* gemeint; was von fiskalischen Gütern in diesen Gegenden lag, war vielleicht vom *procurator* der Provinz abhängig. Die *procuratores tractus* standen dem Provinzialprokurator gleich, waren wie dieser meist Ritter vom Rang der *centenarii* oder *ducenarii*, seltener Freigelassene. In dem Mausoleum der Beamten des *tractus Karthaginiensis*[7] sehen wir, daß diesen Prokuratoren ein äußerst zahlreiches Personal kaiserlicher Sklaven und Freigelassener als Rechnungsführer *(tabularii)*, Schreiber *(librarii)* und Boten *(cursores, tabellarii)* zur Seite stand; auch ein militärisches Kommando hatten sie zu ihrer Verfügung. Der *tractus Karth.* war in eine Anzahl Unterbezirke *(regiones)* geteilt, von denen jeder seinen *procurator regionis*, sein Bureau und seine Einnahmestelle *(mensa)* hatte; die *regio* umfaßte mehrere Domänen *(saltus)*.[8]

Ein derartig complicierter Verwaltungsapparat läßt sich freilich nur in Afrika nachweisen; in den übrigen Provinzen, deren Domänen den afrikanischen an Umfang und Zahl weit nachstanden, wird die Verwaltung sich viel einfacher gestaltet haben. Besondere Beamte waren mit der Verwaltung der an den Kaiser

---

[1] C. J. L. VIII, 11341, 17899. [2] C. J. L. VIII, 11105.

[3] Der Ansicht SCHULTENS (Hermes 29, p. 225), daß das *patrimonium* „längst vor Septimius Severus" mit dem Krongut *(fiscus)* verschmolzen sei, kann ich nicht beistimmen.

[4] C. J. L. VI, 8608; VIII, 1578, 11163, 14763 (= 1269), 17899, 17900.

[5] WILMANNS, 2223. C. J. L. VIII, 7039, 11174, 11341.

[6] C. J. L. VI, 790; VIII, 5351, 7053, 11048; XIV, 176.

[7] C. J. L. VIII, Suppl. p. 1335—1338, No. 12590ff. mit dem Commentar von MOMMSEN.

[8] SCHULTEN, Grundherrschaften, p. 66ff.

fallenden Erbschaften *(procuratores hereditatium)*, andere mit der Einziehung confiscierter Vermögensmassen *(procuratores ad bona damnatorum)* betraut.[1]

Wie der Kaiser, so verfügte auch die Kaiserin über ein beträchtliches Privatvermögen, auch die Kaiserin scheint häufig Erbschaften oder Vermächtnisse[2] erhalten zu haben: Livia, die zweite Gemahlin des Augustus, erwarb auf diesem Wege einen großen Distrikt der Provinz Judaea, der jährl. 60000 tal. einbrachte.[3] Einige Güter gehörten dem *Princeps* und seiner Gemahlin gemeinsam.[4] Dieses Vermögen verwaltete die Kaiserin, ebenso wie der Kaiser sein *patrimonium*, durch *procuratores*;[5] ob diese unter der Aufsicht des *procurator rationis* gestanden haben, wissen wir nicht.

Während das alte *aerarium* immer mehr an Bedeutung verlor, standen *fiscus* und *patrimonium* als Staatsgut und kaiserliches Privatvermögen lange Zeit nebeneinander. Dabei änderte aber das *patrimonium* allmählich seinen Charakter: man gewöhnte sich daran, es als Pertinenz der Krone anzusehen und übertrug es auf den Thronfolger, auch wenn dieser nach Privatrecht nicht Erbe des früheren Kaisers war: das *patrimonium* ward zum Krongut. Antoninus Pius übergab sofort bei seiner Thronbesteigung sein Privatvermögen seiner Tochter, um es vor der Vermengung mit dem *patrimonium* zu sichern,[6] und dies Verfahren fand auch bei den späteren Kaisern Nachahmung.[7]

Eine wichtige Neuerung trat mit Septimius Severus ein.[8] Dieser Kaiser trennte das kaiserliche Privatvermögen von dem Krongut und wies diesem die Ländereien zu, die aus öffentlich rechtlichen Titeln, besonders infolge der gerade damals sehr zahl-

---

[1] Beide Ämter verschwinden in späterer Zeit.

[2] l. 57 D. 31 (Marcius).

[3] Die Besitzungen der Kaiserinnen und Prinzessinnen haben Hirschfeld, p. 28, und Lécrivain, p. 36f., verzeichnet.

[4] Lécrivain. a. a. O. und C. J. L. X, 7489.

[5] Vgl. z. B. C. J. L. X, 1738 *(proc. Domitiae Domitiani)*, 7587 *(proc. Plotinae Aug.)*; VI, 9021 *(proc. Matidiae Aug.)*.

[6] Capitol. vita Pii c. 7.

[7] Dio. Cass. 73, 7. — Capitol., v. Pertin. c. 11. — Spartian. vita Did. Juliani c. 8.

[8] Spartian. v. Severi c. 12. Wilmanns, 1275.

reichen Proskriptionen dem Kaiser zugefallen waren. Das Privatvermögen hieß nach wie vor *patrimonium Caesaris*, das neu eingerichtete Krongut erhielt den Namen *res privata.*[1] Die Verwaltung der *res privata* ward einem *procurator rationis privatae* übertragen und dieser Beamte dem Centraldirektor des *fiscus*, dem *procurator summae rationis* gleichgestellt. Auch in den Provinzen wurden besondere Behörden für die *res private* eingerichtet und besondere Domänenbezirke für die *res privata* abgegrenzt. Für diese Bezirke scheint der Name *regio* ebenso technisch gewesen zu sein, wie *tractus* für die Verwaltungssprengel[2] des *patrimonium.* Wir kennen z. B. einen *procurator privatae regionis Ariminensium,*[3] einen *proc. rat. priv. per Tusciam et Picenum,*[4] einen *proc. priv. per Salariam, Tiburtinam, Valeriam,*[5] einen *proc. reg. Calabric[ae]*[6] u. s. w., außerhalb Italiens einen *procurator rationis privatae per regionem Tripolitanam,*[7] einen *proc. rat. priv(atae) prov. Maur(etaniae Caesariensis) item per Belgicam et duas Germanias*[8] u. s. w. Solche Distriktsprokuratoren der *res privata* wird es nicht in allen Provinzen gegeben haben; wo es nur wenige *fundi rei privatae* gab, stellte man sie wohl unter die Aufsicht des fiskalischen *procurator prov.* oder direkt unter die Centralverwaltung der *res privata.* Zuweilen finden wir die Prokuratur der *res privata* mit der des *patrimonium* in einer Hand vereinigt: Timesitheus, der Schwiegervater Gordians III., war *proc(ur.) prov. Bithyniae Ponti Paphlagon(iae) tam patrimoni quam rat. privatur.,*[9] *Aemilius Clodianus proc. Augg. nn. patrimonii reg. Leptiminensis item privatae reg. Tripolitanae.*[10]

Für einzelne Vermögensmassen, die an die *res privata* fielen, wurden Sonderverwaltungen eingerichtet: als Sept. Severus den

[1] Dies hat Karlowa, p. 505 f., gegenüber der früher herrschenden Ansicht, überzeugend nachgewiesen: l. 39 §§ 8 u. 10 D. 30 (Ulpian). Ein weiteres Argument bietet die Bezeichnung der *fundi rei privatae* als *fundi fiscales* im C. Just. tit. 11, 71—74.

[2] Schulten, p. 65 f., wo auch die bis jetzt bekannten *regiones* zusammengestellt sind.

[3] Wilmanns, 1291. [4] C. J. L. III, 1464. [5] C. J. L. VIII, 822.

[6] C. J. L. X, 1127. [7] C. J. L. VIII, 16542 f.

[8] C. J. L. III, 1456; vgl. VIII, 8812.

[9] Wilmanns, 1293; vgl. Schulten, p. 72. [10] C. J. L. VIII, 16542 f.

Plautian, den Schwiegervater des Caracalla, hinrichten liess, übertrug er dessen Vermögen einem *procurator ad bona Plautiani,* doch scheint dieses Amt nicht lange bestanden zu haben.[1]

Die Prokuratoren des Fiskus, ursprünglich bloße Verwaltungsbeamten, besaßen seit Claudius die Jurisdiktion in Fiskalsachen und zwar ging von ihrem Entscheid die Appellation direkt an den Kaiser.[2] Auch den Prokuratoren der *res private* und des *patrimonium* muß früher oder später dieses Recht zugestanden worden sein, obwohl wir darüber nichts genaues wissen. In den Prozessen, die der Fiskus führte, ließ er sich seit Hadrian durch besondere *Advocati fisci* vertreten, die zwischen Anwälten und eigentlichen Beamten in der Mitte standen. Häufig maßten sich die kaiserlichen Prokuratoren auch die ordentliche Civil- und Strafgerichtsbarkeit an;[3] die Kaiser hatten überhaupt oft Gelegenheit, gegen die Übergriffe ihrer Prokuratoren einzuschreiten, und wie lästig diese Prokuratoren den Unterthanen werden konnten, wird uns klar, wenn wir bedenken, daß sie auch Militär zu ihrer Verfügung hatten.[4]

Wir gelangen zur Besprechung der Frage, wie denn nun die einzelne Domäne verwaltet und bewirtschaftet wurde.[5] Einen Teil der Domanialgüter hatte der Kaiser in eigene Regie genommen, vor allem die Besitzungen, auf denen sich Paläste oder Villen, große Webereien, Ziegeleien oder ähnliche industrielle Anlagen befanden; auch die Gärten von Engeddi in Judäa, wo der kostbare Opobalbalsam gewonnen wurde, haben die Kaiser selbst bewirtschaftet.[6] Der weitaus größte Teil der Domänen wurde indessen durch Verpachtung nutzbar gemacht, und zwar war die Pacht in der Regel Großpacht. Es wurde zwar oft ver-

---

[1] C. J. L. III, 1464, (a. 211/12).

[2] Über die Gerichtsbarkeit in Fiskalsachen vgl. Mommsen, R. St. R. II, p. 1020 ff. Bethmann-Hollweg, Gem. Civ. Proz. II, 75, 181 ff. Lécrivain, La juridiction fiscale d'Auguste à Diocletien (Mél. publ. p. l'Ecole fr. de Rome VI, 1886, p. 91—114).

[3] Z. B. l. 2 C. 1, 54 (228). l. 2 C. 3, 22 (250).

[4] l. 3 § 1 D. 1, 19; Mommsen, p. 1024. Auch auf den einzelnen *saltus* waren Militärposten stationiert, C. J. L. VIII, 14603 (*saltus Philomusianus*).

[5] Vgl. darüber Weber, p. 134—188; Meitzen I, p. 322—377.

[6] Marquardt, II, 258.

sucht, kleine Pächter auf Staatsland anzusetzen: Cicero erwähnt solche Kleinpächter in Campanien,[1] auch die Niederlassungen auf den *Agri decumates* sind kleine Bauernhöfe,[2] aber diese Verhältnisse waren nicht von langer Dauer. Indem der Staat die Erhebung der Pachtgelder an Unternehmer vergab, brachte er die Domänenpächter in Abhängigkeit von diesen, so daß sie allmälig zu Afterpächtern der großen Kapitalisten wurden.[3]

Die republikanische Verwaltung hatte für die Verpachtung der Staatsdomäne verschiedene Formen ausgebildet und diese gingen auch in die Praxis der Kaiserzeit über.[4]

1. Die eine dieser Formen war die kurzbefristete Zeitpacht, die gewöhnliche *locatio conductio* und zwar auf 5 Jahre,[5] die Amtsdauer des verpachtenden Beamten, des Censors, lautend. Grundsätzlich hätte nun jeder Censor bei seinem Amtsantritt die sämtlichen Zeitpachtgüter auf dem Wege der Lizitation neu verpachten müssen: oft wird man einfach den früheren Pächter auf dem Gute haben sitzen lassen, so daß thatsächlich die Zeitpacht zuweilen in Erbpacht übergegangen sein wird. Die Verpachtung auf 5 Jahre wurde auch in der Kaiserzeit und nach dem Untergang des Censorenamtes noch angewandt und scheint besonders für mittlere und kleine Domanialgüter die übliche Form gewesen zu sein. Die Kaiser sahen sich häufig veranlasst, ihren Beamten zu verbieten, die Domänenpächter nach Ablauf der Frist zur Wiederpacht zu nötigen. Dieses Verbot kehrt mehrmals wieder[6] und scheint somit nicht viel gefruchtet zu haben.

---

[1] Weber, p. 137 n. 21.

[2] Schumacher, Röm. Meierhöfe im Limesgebiet, W. D. Z. f. G. u. K. XV, (1896) p. 1—17.

[3] Meitzen, p. 338.

[4] Ich teile im folgenden die Ergebnisse von Webers (p. 134 ff.) Untersuchung mit.

[5] l. 30 § 1 D. 32. l. 3, § 6 D. 49, 14.

[6] Edikt d. Tib. Jul. Alexander (a. 68 p. Chr.) § 3 (hrsg. v. Rudorff, Rh. Mus. f. Ph. II, p. 64 ff.) — l. 3 § 6 D. 49, 14 *Hadrianus . . rescripsit: valde inhumanus mos est iste, quo retinentur conductores vectigalium publicorum et agrorum, si tantidem locari non possint; nam et facilius invenientur conductores, si scierint fore ut, si peracto lustro discedere voluerint, non teneantur.* — l. 11 C. 4, 65 (a. 244, bezieht sich wohl auf die Privatpacht).

Oft genug mögen die Versuche der kaiserlichen Prokuratoren erfolgreich gewesen sein und den Zeitpächter in einen an die Scholle gefesselten Colon, oder wenn es ein großer Herr war, in einen Erbpächter verwandelt haben.

2. Neben der Zeitpacht auf ein *lustrum* nennt Hygin[1] noch eine andere Art der censorischen Lokation, nämlich die Verpachtung eines größeren Gütercomplexes auf die lange Frist von hundert und mehr Jahren. Für diese Art der Pacht war die Lizitation wohl unbedingt erforderlich. Der Pächter, ein einzelner Manceps oder eine Gesellschaft von Unternehmern, verpachtete das Gut oder wenigstens Teile desselben häufig weiter,[2] in der Regel wohl an bäuerliche Kleinbesitzer. Daß der Manceps außer dem Pachtschilling noch ein Kaufgeld hätte zahlen müssen und daß, wie Weber[3] vermutet, eben dieses Kaufgeld der eigentliche Gegenstand der Versteigerung gewesen sei, wird man bei dem völligen Schweigen der Quellen kaum annehmen dürfen. Als durch die *Lex agraria* vom Jahre 111 v. Chr. das Pachtgeld der afrikanischen Domänen pro Jugerum ein für allemal fixiert wurde, verwandelten sich die Pächter dieser Güter thatsächlich in Erbpächter, denen das Gut nicht entzogen werden durfte, so lange sie den gesetzlichen Canon entrichteten.

Auch diese langfristige Pacht, von Hygin als *ius vectigale* bezeichnet, muß noch in der Kaiserzeit vorgekommen sein, obwohl sie in den Quellen vor Diocletian kaum erwähnt wird. Der Ausdruck *Ager vectigalis,* der in den Digesten so häufig ist, bezieht sich fast immer auf die Güter der Municipien.[4]

Auch bei den städtischen Gemeindegütern waren nämlich die beiden Arten der Pacht auf ein *lustrum* oder auf lange Zeit gebräuchlich: Die auf lange Zeit verpachteten Ländereien heißen *Agri vectigales.*

Über die Natur des *ius in agro vectigali* sind wir gut

---

[1] p. 116.

[2] l. 47 § 1 D. 49, 14 (Paul.) Hygin. a. a. O. l. 53 D. 19, 2 (Papin.).

[3] p. 156.

[4] Gaius III, 145. l. 1 D. 6, 3 (Paul.) u. ö. Fiskalische *Agri vectigales* bei Hygin. a. a. O.

unterrichtet.[1] Der Besitzer des *ager vectigalis* wird geschützt durch eine dingliche Klage gegen jeden Dritten und, solange er das *vectigal* ordentlich entrichtet, auch gegen die Stadt selbst.[2] Er kann sein Recht vererben und veräußern, letzteres, wie es scheint, ohne Zustimmung des Verpächters;[3] alles Rechte, die den Besitzer eines *ager vectigalis* weit besser stellten, als den gewöhnlichen Pächter, und die es den römischen Juristen lange Zeit fraglich erscheinen ließen, ob hier *locatio conductio* oder *emptio venditio* vorliege.[4] Nicht ganz klar ist das Verhältnis bei Pachtsäumnis: wahrscheinlich enthielt zunächst jeder Pachtvertrag besondere Bestimmungen darüber, bis sich allmählich die feste Regel ausbildete, daß die Stadt bei Pachtversäumnis das Gut wieder an sich ziehen dürfe.

Die Stellung der staatlichen Pächter war nun jedenfalls weit weniger günstig, als die der Besitzer von *ager vectigalis*: für die städtische Verwaltung galten ganz bestimmte gesetzliche Regeln, deren Befolgung vor dem ordentlichen Richter erzwungen werden konnte: bei der Domänenpacht kam alles auf die Willkür des Kaisers und seiner Beamten, im besten Fall auf gewisse Verwaltungsmaximen an und dem benachteiligten Pächter stand lediglich der Petitionsweg offen.

Abgesehen von dieser prekären Lage der Domänenpächter, hatte der langfristige Domänenpacht gewiß viel Ähnlichkeit mit dem Jus in A°v[i] und man wird annehmen dürfen, daß viele für den A. v. geltenden Regeln auch auf die Domänenpacht angewandt worden sind.

3. Durch die erwähnte *lex agraria* von 111 v. Chr. wurde noch eine dritte Art der Verpachtung eingeführt, die sich schon

---

[1] Vuy, de originibus u. natura iuris emphyteutici Romanorum, Heidelb. 1838, p. 58—89.

[2] *Actio vectigalis* l. 15 § 26 D. 39, 2 (Ulpian.). l. 66 pr. D. 21, 2 (Papin.). l. 1 § 1 D. 6. 3 (Paul.). l. 1 C. 11, 31 (244/49). Ob ihm auch die *Actio Publiciana* zusteht (Paul. l. 12 § 2 D. 6, 2) ist bestritten.

[3] Dies schließe ich aus l. 7 pr. D. 39, 4 (Reskript Antonins). Wahrscheinlich befreite die Zustimmung des städtischen Magistrats den frühern Besitzer von der Haft für seinen Nachfolger.

[4] Gaius III, 145.

mehr der Veräußerung näherte. Eine Anzahl afrikanischer Domänen wurde auf dem Wege der Lizitation an Großpächter zu unentziehbarem Besitz verpachtet: es sind die *Agri privati vectigalesque.*[1] Pflicht des Pächters war die Zahlung eines jährlichen *vectigal,* wozu hier wohl noch die einmalige Leistung einer Kaufsumme hinzukam. Von den übrigen Domänenpächtern unterschieden sich die Besitzer dieser *A^i^ privati vectigalesque* durch die gesetzliche Sicherheit, die ihnen gewährt wurde.

Die Kaiserzeit erwähnt diese Art des Besitzes nicht mehr: ob sich l. 13 C. Th. 11, 21 (422) gerade auf *Agri privati vectigalesque* bezieht, wie WEBER[2] meint, scheint mir sehr fraglich. Vielleicht sind diese Besitzungen im Laufe der Zeit mit den übrigen Erbpachtgütern verschmolzen. Wir werden indessen in der späteren Kaiserzeit in dem *Jus privatum salvo canone* ein Institut kennen lernen, das mit dem Recht am *Ager privatus vectigalisque* gewisse Ähnlichkeit zeigt und vielleicht auf dieses zurückgeht.

Die Domänenpacht ist, wie gesagt, meist Großpacht. Suchen wir uns nur klar zu machen, wie ein solches Pachtgut bewirtschaftet wurde. Einige Inschriften, die in den letzten Jahren auf den afrikanischen Domänen gefunden wurden, geben in dieser Hinsicht die wertvollsten Aufschlüsse.[3]

Auf jedem größeren Gut befand sich neben dem Großpächter *(conductor)* ein kaiserlicher „Intendant“,[4] ein *procurator,* meist ein Freigelassener, der sein eigenes Bureau *(tabularium)* hatte und dem in jeder Beziehung die Vertretung des Gutsherrn oblag.

Das Gut zerfiel in zwei verschiedene Teile: das Hofland mit der Villa und die Parcellen der Afterpächter. Das Hofland bewirtschaftete der Conductor oder vielmehr sein Wirtschaftsbeamter,

---

[1] WEBER, p. 152ff. [2] p. 159.

[3] Vgl. außer SCHULTENS Röm. Grundherrschaften MOMMSEN, Das Dekret des Commodus für d. Saltus Burunitanus (Hermes XV, p. 385ff.). — FUSTEL DE COULANGES, L'Alleu et le Domaine rural (1889), p. 1—91. — WEBER a. a. O. p. 220—278.

[4] SCHULTEN, p. 75ff., wo die Stellung des Gutsprokurators ausführlich behandelt ist.

der *vilicus* oder *actor* mit dem nötigen Personal von Sklaven. In der Regel hatte der Conductor das ganze Inventar *(instrumentum)* zu dem auch die Sklaven und der Actor selbst gehörten, mit in Pacht genommen. Anders war es wohl, wenn der Kaiser ein unbebautes Land zur Urbarmachung verlieh: hier wird der Conductor wohl mit seinem eigenen Inventar haben wirtschaften müssen. Hierzu gehören nicht nur die unfreien Landarbeiter: die sehr ausgebildete Arbeitsteilung, die auf den Gütern der römischen Kaiserzeit herrschte und von der uns die Digesten[1] und Inschriften ein deutliches Bild geben, machte die Anwesenheit einer großen Anzahl von Aufsehern, Schreibern, Handwerkern u. s. w. nötig: die römischen Juristen stellten genaue Regeln auf, unter welchen Bedingungen diese Hilfsarbeiter zum Inventar des Gutes gehörten oder nicht.

Der andere Teil des Gutes war in Parzellen zerschlagen und an bäuerliche Kleinpächter, Afterpächter des Conductors ausgethan: Diese Bauern, technisch *coloni*[2] genannt, wohnten entweder in Einzelhöfen, jeder auf seinem *fundus*, oder, was in Afrika häufig vorkam, in dorfartigen Ansiedelungen *(vici)* vereinigt;[3] wenn diese *vici* befestigt waren, so nannte man sie *castella*. Nach den Inschriften des 2. und 3. Jahrhunderts[4] sind die Colonen der afrikanischen *saltus* zur Leistung einer Fruchtquote *(partes agrariae, partes fructuum*; einmal wird $^1/_3$ des Ertrags genannt) verpflichtet: es sind also Teilpächter, *coloni partiarii*. Vielleicht ist diese Teilpacht auf manchen Dominialgütern an Stelle der früheren Geldpacht getreten, die, wie wir aus den Briefen des

---

[1] Bes. der tit. D. *de instructo vel instrumento legato* 33, 7. Über den *saltuarius*, der in seiner späteren Bedeutung mit dem *vilicus* zusammenfällt, s. Schulten, p. 82 f.

[2] Auf die Geschichte des Colonats ist hier nicht einzugehen; vgl. die neuesten Arbeiten über diesen vielbehandelten Gegenstand: Fustel de Coulanges: Le Colonat romain (Recherches sur quelq. problèmes d'histoire, Par. 1885, p. 1—86) und Segrè, Studio sulla origine et sullo sviluppò storico del colonato Romano (Archivio guir. 42—44. 46).

[3] Frontin. p. 53.

[4] Dekret des Commodus für den Saltus Burunitanus, C. J. L. VIII, 10570 u. 14464; Inschr. v. Gasr Mezuâr, ebd. 14428; Inschr. v. Ain Wassel, Hermes 29, p. 207 ff.

Plinius sehen, zu häufigen Rückständen führte und daher für Pächter und Verpächter lästig war.[1] Aber diese *partes agrariae* sind nicht die einzige Verpflichtung der afrikanischen Colonen: sie sind auch zu Frondiensten *(operae)* auf dem Herrenland verpflichtet.[2] Die Colonen des *saltus burunitanus* hatten im ganzen sechs Tage, zwei zur Pflugzeit, zwei zur Saatzeit und zwei zur Zeit der Ernte zu leisten; die eines benachbarten *saltus* waren im ganzen zu zwölf Frontagen verpflicht, auf anderen Gütern war die Zahl der Frontage vielleicht noch größer. Obwohl die Colonen durchaus als Afterpächter des Conductors zu betrachten sind, steht es diesem doch nicht frei, ihre Abgaben und Dienste zu vermehren; eine Dominialverordnung Hadrian's, die mindestens für den *tractus karthaginiensis*, vielleicht für alle afrikanischen *saltus* galt, setzte die Leistungen der Colonen fest und auch anderwärts galt die durch Gewohnheit oder Verordnung festgesetzte Höhe der Leistungen als Pertinenz der Grundstücke.[3] Auf dem *saltus Burunitanus* machte der Conductor mit Hilfe des Prokurators den Versuch, die Abgaben und Dienste der Colonen zu steigern, der Prokurator maßte sich über die Colonen Züchtigungsrechte an, die das Maß der ihm zustehendeu Polizeigewalt weit überschritten. Diese wandten sich an den Kaiser Commodus und erhielten von diesem die Bestätigung der alten Rechte.

Aus diesen freien Kleinpächtern sind im Laufe der Zeit *glebae adscripti*, hörige Colonen (im Sinne der späteren Zeit) geworden. Wie sich diese Entwickelung auf kaiserlicher Domäne und auf Privatgütern vollzogen hat, haben wir nicht zu verfolgen: sie erhielt ihren Abschluß durch die rechtliche Fesselung der Colonen an die Scholle in der Zeit Diocletians oder Constantins.[4]

[1] Plin. ep. (ed. Keil), III, 19; X, 8; IX. 37: Verwandlung der Geldpacht in Teilpacht; auch in den Digesten werden die *reliquia colonorum* erwähnt.

[2] Mommsen (Hermes XV, p. 406) hat diese Fronden mit den Hand- *(operae)* und Spanndiensten *(iuga)* der Bürger von Genetiva für die Stadtbefestigung in Verbindung gebracht.

[3] l. 4 C. Th. 5, 14 (365): *villa cum ea dote vel forma cui nunc habetur obnoxia. Forma* ist der technische Ausdruck für diese Statuten: vgl. das Dekret d. Commodus *(forma perpetua)* und d. *forma* (τύπος) *Nicetae* der Nov. 30.

[4] L. M. Hartmann, Über den röm. Colonat und seinen Zusammenhang mit d. Militärdienste (Arch.-epigr. Mitt. aus Österr. XVII, p. 125—134).

Wir müssen noch einen Augenblick bei einer neuerdings gefundenen afrikanischen Inschrift verweilen, die aus der Zeit des Sept. Sev. stammt und in mehrfacher Hinsicht interessant ist.[1] Unfruchtbare oder nicht angebaute Teile zweier Güter, des *saltus Lamianus* und *Domitianus* sind zum *saltus Thusdritanus* geschlagen und mit diesem verpachtet worden. Der Conductor des *saltus Thusdritanus* hat zwar die Pacht für die *partes vacantes* bezahlt, aber dieselben nicht angebaut. Diese Grundstücke werden daher gemäß einer *lex Ha(dria)na de rudibus agris*, wahrscheinlich einem Teil des schon erwähnten Domänenstatuts der Occupation freigegeben und zwar unter folgenden Bedingungen: der Occupant erhält das *ius possidendi ac fruendi eredique suo relinquendi*, dafür hat er als Pacht die gleiche Ertragsquote *(partes)* zu zahlen, wie die Colonen des *saltus*: vom Getreide fünf Jahre lang an den Conductor, später an die kaiserliche Kasse. Wenn er das occupirte Land mit Ölbäumen bepflanzt, so genießt er zehn Jahre Freiheit von jeder Abgabe; pflanzt er Obstbäume, so braucht er erst nach sieben Jahren *partes fructuum* zu leisten, und auch dann nur von den Früchten, die er auf den Markt bringt. Die Teilquote des Öl- und Obstertrags geht nicht an den Conductor, sondern an den Kaiser: der Occupant ist also nur für das Getreideland, und auch da nur fünf Jahre lang, Afterpächter des Conductors; im übrigen steht er direkt unter dem Kaiser.

Diese Inschrift beweist uns, daß schon unter Hadrian der Niedergang der Landwirtschaft selbst in Afrika begann, sie ist aber besonders interessant, weil sie uns die Wurzel zweier Institute zeigt, die später eine große Rolle spielen sollten: ich meine die *adiectio* unfruchtbarer Grundstücke (ἐπιβολή) und die Emphyteusis.

Wir haben bisher das Verhältnis der Domänen zur ordentlichen Verwaltung unberücksichtigt gelassen und müssen noch mit einigen Worten darauf eingehen. Bekanntlich zerfiel

[1] Inschrift v. Ain Wassel, herausgeg. u. bespr. v. Schulten, Hermes XXIX, p. 204—230.

das Römische Reich in eine große Anzahl von städtisch organisierten Gemeinden, die unter der römischen Provinzialverwaltung standen, aber ein ziemliches Maß von Selbstverwaltung genossen.[1] Diese städtische Verfassung war aber nicht in allen Teilen des Reichs gleichmäßig durchgeführt: als Afrika römische Provinz wurde, wurden hier alle Stadtgemeinden, mit Ausnahme von sieben, aufgelöst[2] und auch im Osten, in Kleinasien, gab es weite Gebiete ohne städtische Organisation. Freilich entstanden schon im letzten Jahrhundert der Republik und besonders in der Kaiserzeit zahlreiche neue Städte durch eigentliche Neugründung oder Verleihung des Stadtrechts an Orte, die es bisher nicht besessen hatten: auch in Afrika machte damals das städtische Element große Fortschritte. Aber gerade in Afrika erhielt sich eine ganze Anzahl selbständiger Gutsbezirke, die zu keiner Stadtflur gehörten, sondern ihr eigenes Territorium mit eigenen Grenzen hatte. Für diese selbständigen Gutsbezirke ist in der Kaiserzeit der Name *saltus* technisch:[3] zu ihnen gehören auch die als *saltus* bezeichneten kaiserlichen Domänen, von denen bisher die Rede war, der *saltus Burunitanus*, *Thusdritanus* u. a. Auf diesen Gütern hatte der kaiserliche Prokurator öffentlich-rechtliche Befugnisse wie ein städtischer Magistrat: er bezog allerlei Gebühren, konnte Geldstrafen verhängen und besaß über die Gutsbewohner ein mäßiges Züchtigungsrecht. Auch die Fronden, die die Colonen des kaiserlichen *saltus* zu leisten hatten, hat man mit den Frondiensten verglichen, die der Magistrat eines Municipiums den Bürgern auferlegen konnte.

Von den städtischen Territorien waren diese *saltus* eximiert; nicht aber von der Provinzialbehörde.[4] Die gesetzliche Macht des Prokurators wird sich über polizeiliche Macht und

---

[1] Vgl. Kuhn, Die städt. u. bürgerl. Verfassung des röm. Reichs bis auf Justinian, 2 Bde., Leipz. 1864/65.

[2] Weber a. a. O. p. 185. [3] Schulten, Grundherrsch. p. 1—44.

[4] l. 3 D. 11, 3 (Ulpian): *Sed et D. Marcus oratione, quam in senatu recitavit, (praesidi) facultatem dedit ingrediendi . . Caesaris . . praedia.* Aus dem Dekret des Commodus darf man nicht auf Exemption der *saltus* von der Provinzialverwaltung schließen: dort handelt es sich nicht um civilrechtliche, sondern um verwaltungsrechtliche Fragen; daher sind die kaiserlichen *procuratores* zuständig.

niedere civile Gerichtsbarkeit, entsprechend der municipalen, nicht hinaus erstreckt haben. In andern Sachen, besonders in Kriminalsachen und bei Streitigkeiten mit Auswärtigen, hatten die freien Gutsbewohner ihren Gerichtsstand sicher vor dem Statthalter der Provinz.

Selbstständige Gutsbezirke nach Art der afrikanischen *Saltu* gab es auch in andern Provinzen, wahrscheinlich besonders in Kleinasien, obwohl wir darüber wenig wissen. In Italien war ihre Zahl sehr gering, vielleicht gehörten die *saltus* Galliani in der Aemilia,[1] der *saltus* Domitiani[2] und die apulischen Weidetriften[3] zu ihnen. In einer ähnlichen Stellung befanden sich die italischen *fundi excepti*,[4] große Besitzungen, die man bei der Gründung einer Colonie von der Verteilung ausgeschlossen und von dem colonialen Magistrat eximiert hatte. Der Unterschied zwischen *saltus* und *fundus exceptus* besteht darin, daß jener außerhalb der Grenzen des städtischen Territoriums liegt, während der *fundus exceptus* von diesen Genzen eingeschlossen wird und eine bloß rechtliche Sonderstellung einnimmt. Auch die *fundi excepti* waren, aller Wahrscheinlichkeit nach, wenig zahlreich.[5]

Daß jedes kaiserliche Gut *eo ipso* von der städtischen Obrigkeit eximiert gewesen wäre, wie Schulten[6] annimmt, läßt sich meines Erachtens nicht nachweisen und scheint mir nicht wahrscheinlich. Viele der kaiserlichen Güter waren ja rein zufällig, etwa durch Proskription oder Erbschaft, in den Besitz des Kaisers gelangt und konnten in kleinen Parzellen zerstreut liegen: ich glaube nicht, daß man solche Güter, nur weil sie kaiserlich geworden waren, nun zu einem selbstständigen Bezirk machte. Wir werden sehen, daß die Quellen der späteren Kaiserzeit große

---

[1] Plin. hist. nat. 3, 15, 116. [2] C. J. L. III, 536.

[3] *Saltus Carminianenses*, Not. occ. c. 11. Vgl. Frontin. p. 46 *(saltus Caesaris)* p. 35.

[4] Hygin. p. 196f. Vgl. Weber, p. 61f., 251f. Schulten, p. 5f.

[5] Weber, p. 62.

[6] p. 8: „Ebenso ist der kaiserliche Grundbesitz *eo ipso* eximiert"; ebenso p. 10f. Ähnlich W. Sickel in d. W. D. Z. f. G. u. K. XV (1896), p. 119. Etwas zurückhaltender spricht sich Weber p. 252 aus: „die Güter des Kaisers, welche dieser sicher schon damals — für später ist es quellenmäßig bezeugt — soweit möglich von den Gemeindeverbänden eximierte".

kaiserliche Güter erwähnen, die nicht nur innerhalb des städtischen Territoriums liegen, sondern auch ohne Zweifel dem städtischen Magistrat mit unterstellt sind.

Damit ist eine gewisse Privilegierung der kaiserlichen Güter wohl verträglich: wenn die kaiserlichen Pächter von den städtischen *munera* befreit werden, *„ut idoniores praediis fiscalibus habeantur“*,[1] so entspricht dies der Befreiung der Lehrer, Ärzte, Veteranen und anderer Einwohnerklassen, bedeutet aber noch keine Exemption von der Munizipalgewalt überhaupt.

Ob die kaiserlichen Domänen steuerpflichtig waren, ist eine Frage, die sich für unsere Periode nicht beantworten läßt.

Zweiter Teil.

Die Domänen der späteren Kaiserzeit.[2]

I. Der Sprachgebrauch der Quellen.[3]

Bevor wir zur Untersuchung der Domanialverhältnisse der konstantinischen Zeit schreiten, müssen wir suchen, über den Sprachgebrauch unserer Quellen, der kaiserlichen Konstitutionen, einen Überblick zu gewinnen.

Gerade auf diesem Gebiet wirken die bekannten Unarten der kaiserlichen Kanzleischreiber besonders störend. Da werden zwei oder drei völlig gleichwertige Ausdrücke, durch *vel, sive* oder

[1] l. 6 § 11 D. 50, 6 (Callistratus).

[2] Litteratur: Die Commentare von Cujaz und Gothofredus. — Böckings Anmerkungen zur Not. dignitatum. — Kuhn, Die städt. und bürgerl. Verfassung des röm. Reichs bis auf Justinian, 2 Bde., 1864/65. — Bethmann-Hollweg, Der Civilprozeß d. Gem. Rechts, III, 1866. — Karlowa, Röm. Rechtsgesch. I, 822 ff. — Mommsen, Ostgoth. Studien, N. A. f. ält. deutsche G. K. XIV (1889), 453 ff.; ferner die zum ersten Teil angeführte Litteratur.

[3] Vgl. bes. Cujaz, der es mit der Terminologie der Domänen genauer nimmt als Gothofredus. Ziemlich verworren sind die Angaben von Jak. Gutherus, De officiis domus Augustae (ed. Lips. 1672); von den neueren s. Vuy, de origin. p. 90 ff. — Wiart, p. 1—4.

auch *et* verbunden, nebeneinander gestellt; durch die gleichen Partikeln aber werden auch Wörter mit einander verknüpft, die nur eine ähnliche, nicht die gleiche Bedeutung haben. Innerhalb eines Gesetzes werden für dieselbe Sache zwei oder mehr Namen gebraucht. Einige dieser Bezeichnungen kehren häufig wieder und werden leicht als technische erkannt; andere Namen wiederum treten nur an wenigen, nur an einer einzigen Stelle auf und ihr Sinn muß mehr oder weniger erraten werden.

Darum ist der erste Eindruck, den wir beim Lesen der einschlägigen Gesetze empfangen, der eines heillosen terminologischen Wirrwarrs.

Sehen wir zu, ob sich in dieser kaum übersehbaren Menge von Namen gewisse Gruppen zusammengehöriger Ausdrücke erkennen lassen. Wir betrachten zuerst die Sprache der Quellen, die vor die Zeit des Kaisers Anastasius (491—517) fallen.

Der lückenhaft überlieferte tit. 5, 13 des Cod. Theod. enthält eine größere Anzahl von Gesetzen über die *fundi patrimoniales vel emphyteutici:* l. 17 (364) *super fundis emphyteuticis seu patrimonialibus* . ., l. 20 (366) *emphyteuticorum fundorum seu patrimonialium possesores,* l. 21 (368/69) *fundos patrimoniales vel emphyteuticos.* Einige Konstitutionen (l. 15. 16. 18) nennen nur die *fundi emphyteutici,* andere nur die *patrimoniales* (l. 32. 34): keine einzige erwähnt die *fundi rei privatae.*

Der nächste tit. dagegen (5, 14), welcher auch nur zum Teil erhalten ist, handelt von *praedia domus nostrae* (l. 6), *fundi ad divae domus dominium pertinentes* (l. 4), *agri privati patrimonii nostri* (l. 9) u. s. w., die *res privata* wird erwähnt (l. 3. 7): die *fundi patrimoniales* aber kommen im ganzen tit. nicht vor.

Daraus ergiebt sich ein Gegensatz von *fundi patrimoniales* und *emphyteutici* einerseits und einer Klasse von Domänen andrerseits, für die sich indes eine technische Bezeichnung aus tit. 14 nicht ergiebt, da die Rubrik dieses tit. (ebenso wie die des tit. 13) verloren gegangen ist.

Den Namen dieser zweiten Gruppe finden wir nun tit. C. Th. 11, 19 *de collatione fundorum patrimonialium vel emphyteuticorum et rei privatae: fundi rei privatae* und *fundi patrimoniales vel emphyteutici*, das sind die beiden großen Klassen, in die der Domanialbesitz zerfällt.[1]

Diese Unterscheidung begegnet uns häufig innerhalb einzelner Konstitutionen:

l. 3 C. Th. 4, 11 (326) *quod ius et in fiscalibus servis et in patrimonialium fundorum origine coercentes et ad emphyteutica praedia et quae ad privatarum rerum nostrarum corpora pertinent servari volumus.*

l. 4 C. Th. 11, 19 (398) *qui praedia patrimonialia et emphyteutica, privatae quoque rei perpetuo iure retinent:* die Verknüpfung dieser Worte zeigt klar, daß es sich auch hier um eine Zweiteilung, keine Dreiteilung handelt: *fundi patrimoniales* und *emphyteutici* gehören zusammen.

l. 5 C. 11, 65 (399) *Per omnes provincias patrimonialium fundorum ab ordinariis iudicibus canon exigatur. . . Sciant vero memorati iudices nihil sibi ex privatae rei canone vel ex eo, quod ex iisdem titulis* (d. h. von den *fundi patrimoniales*) *contigerit, ad necessitates alias transferendas.*

Man hat behauptet,[2] es handle sich bei diesem Gegensatz von *fundi patrimoniales* und *fundi rei privatae* lediglich um eine Antiquität, die in unserer Periode keine Bedeutung mehr gehabt hätte. Dann würde man aber gar nicht begreifen, warum noch die Redaktoren des Theodosianischen Codex die beiden Begriffe so scharf trennen, warum noch in der Rubrik der 5. Nov. Theod. (441) *res dominica (= res privata)* und *fundi patrimoniales et limitrophi* auseinander gehalten werden. Ja, noch mehr: nirgends tritt der Gegensatz klarer zu tage, als bei der Anordnung der Titel im 11. Buch des Cod. Iust. Tit. 62—65 handeln von den *fundi patrimoniales, saltuenses* und *emphyteutici*, von ihren Abgaben, von der Stellung ihrer Pächter, ihrer Kolonen und Sklaven. Mit

---

[1] Dieser Gegensatz bedürfte keines so ausführlichen Beweises, wenn er nicht von einigen Schriftstellern geleugnet würde. *Res privata* hat übrigens eine doppelte Bedeutung: es bezeichnet 1) den Kronschatz, 2) die Domänen des Kronguts.

[2] Lécrivain, p. 76; auch Kuhn, I, 277 ff. hält *fundi patrimoniales* und *fundi rei privatae* für identisch. Über die verwandte Ansicht Mommsens s. u. p. 32.

tit. 66 beginnt ein neuer Abschnitt: *de fundis rei privatae et saltibus divinae domus.* Von den Gütern der *res privata* und von den hier mit ihnen zusammengestellten Ländereien der Städte und Tempel ist die Rede in den tit. 66—75. Die *fundi patrimoniales* kommen in diesem ganzen Abschnitt überhaupt nicht vor.

Wir sehen also, daß die Scheidung der Domänen in *fundi patrimoniales* und *fundi rei privatae* auch noch für die Zeit Justinians gilt.

Die Quellen gebrauchen eine ganze Reihe von Namen in verschiedenem Sinne: sie bezeichnen mit demselben Worte bald das ganze Domanium, bald nur eine Klasse von Domänen.

Patrimonium nostrum nennt der Kaiser sein Vermögen, besonders seinen Grundbesitz, wie auch der Privatmann von seinem *patrimonium* spricht: gemeint ist dann alles Domanialland,[1] denn die sämmtlichen Domänen stehen jetzt im Eigentum des Kaisers.

In der Regel aber wird *patrimonium* in einem engeren Sinne gebraucht: es bezeichnet dann die *res privata.*[2] Confiscierte Grundstücke z. B., die sonst an die *res privata* fallen, werden dem *patrimonium nostrum* zugewiesen;[3] die eingezogenen Tempelgüter, die Julian dem *patrimonium nostrum* weggenommen und den Tempeln zurückgegeben hatte, zieht Valentinian I „wiederum" zur *res privata.*[4]

Gleichbedeutend mit *patrimonium nostrum* ist *patrimonium sacrum:*[5] beide Ausdrücke gehen bald auf die Domänen im all-

[1] So l. 12, l. 20 C. Th. 11, 16 u. ö. DIRKSEN s. v. = *corpus rerum fiscalium item rerum principis tam privatarum quam patrimonialium.*

[2] *Privatum patrimonium* l. 8 C. Th. 10, 1 (364). l. 9 C. Th. 5, 14 (425). WIART meint p. 13, „*patrimonium nostrum*" werde nur ausnahmsweise von der *res priv.* gebraucht.

[3] l. 7 (369), l. 19 (405) C. Th. 9, 42; l. 41 § 7 C. Th. 16, 5 (407) u. ö.

[4] l. 3 C. Th. 5, 14 (364); vgl. l. 8 C. Th. 10, 1 (364), wo die Identität beider Begriffe klar zu tage tritt, l. 3 C. 11, 66 (376), Nov. Theod. 19 pr. § 2 (440). Der *Comes rei privatae* wird in einem Erlaß des K. Glycerius (473) *Comes nostri patrimonii* genannt (HÄNEL, Corp. Leg. p. 260, vgl. MOMMSEN, Ostg. St., p. 543).

[5] Der von CUIAZ par. zu Cod. 1, 33 u. 11, 62 behauptete Gegensatz von *p. sacrum* und *p. privatum* existiert nicht: nach l. 12 C. Th. 7, 13 (397) ist *p. sacrum* = *patrimonium nostrum* = *res nostra*, vgl. auch l. 6 C. Th. 7, 18 (382): Confiscation ans *sacrum patrimonium.*

gemeinen, bald auf die *res privata* insbesondere. Aber nie finden wir in dieser Zeit[1] *patrimonium* zur Bezeichnung der *fundi patrimoniales* verwendet, und das ist um so auffallender, als gerade diese *fundi patrimoniales* das alte *patrimonium principis* darstellen.

Res nostra und *res dominica* sind mit *patrimonium nostrum* gleichbedeutend[2] und werden ebenso in doppelter Weise gebraucht.[3] So bezeichnet *villa dominica* (l. 21 C. Th. 16, 5) die Domäne im Gegensatz zum Gute eines Privaten, *actores dominici* (l. 11 C. Th. 2, 1. l. 4 C. Th. 11, 19) alle Domanialgutsverwalter, *coloni dominici* (l. 2 C. 7, 38) alle Domänenbauern im Gegensatz zu den Verwaltern und Hörigen der Privatgüter. Dagegen kann der *colonus dominicus* auch dem *colonus patrimonialis* gegenübergestellt sein: es ist dann der Bauer eines *fundus rei privatae* gemeint.[4]

Die meisten Schwierigkeiten bereiten der Interpretation vieldeutige Ausdrücke, wie *domus nostra, domus divina.*

1. *Domus nostra, domus divina* nennt der Kaiser sein gesammtes Vermögen,[5] insbesondere seinen gesammten Grundbesitz, wie ja auch zuweilen von der *domus* anderer Personen gesprochen wird.[6]

l. 114 C. Th. 12, 1 (386): Die Dekurionen sollen ihre Pflichten gegen die Curie erfüllen und die *privilegia domus nostrae* (d. h. der Domänen, die sie etwa gepachtet haben) sollen ihnen nichts nützen.

---

[1] Es handelt sich hier immer nur um die Zeit vor Anastasius.

[2] l. 12 C. Th. 7, 13 (382).

[3] Für Domäne im allgemeinen l. 2 C. Th. 9, 30 (364), l. 2. 3 C. Th. 12, 19 (400). rubr. Nov. Theod. 19, für die *res privata* l. 1 C. 11, 67 (392), l. 2 C. 11, 74 (400), l. 17 C. Th. 10, 1 (420). Die westgot. Interpretation zu l. 1 C. Th. 2, 1 schreibt *res dominica, domus dominica,* wo der Text *res privata* hat. Die Identität von *res nostra* und *res dominica* ergiebt sich aus rubr. und l. 1 C. 7, 38.

[4] l. 7 C. 3, 26 (349); über eine andere Bedeutung von *dominicus* s. u.

[5] l. 64 C. Th. 11, 30 (412): *negotia divinae domus = causae fiscales;* Liban. orat. (ed. Reiske) II, p. 522: *ἡ ὑμετέρα οἰκία,* p. 558: *ὁ σὸς οἶκος* (vom *fiscus*).

[6] Z. B. l. 1 C. Th. 11. 1 (315?): *domum Eusebii ex consule . . et Arsacis regis Armeniorum.* Auch das einzelne Grundstück wird oft *domus* genannt, s. u. p. 68.

l. 52 C. Th. 16, 5 (412): Der Befehl zur Auslieferung der ketzerischen Donatisten richtet sich an die afrikanischen *conductores* und *procuratores* (die Pächter und Verwalter von Privatgütern), sowie an die *homines domus nostrae.*

Nov. Major. 2 (458) wird geklagt, daß die Gutsverwalter *(actores)* der *potentes* ihre Steuern nicht zur rechten Zeit zahlten. Es wird ihnen und den Verwaltern der *sacra domus nostra* eingeschärft, die Abgaben in gehöriger Weise zu entrichten.

l. 8 C. 10, 19 (468): Güter der *domus divina* und andere Grundstücke, welche die *functiones rei publicae* nicht zahlen, sollen der Stadt zufallen, „*sub qua vici siti sunt*".[1]

2. *Domus nostra* etc. bezeichnet zuweilen nur die *res privata*, also das Domanium mit Ausschluß der *fundi patrimoniales.*

Nov. Val. 18 (445) werden die *praedia divinae domus* von der *privata et emphyteutica gleba* (d. h. den Grundstücken Privater und den *fundi patrimoniales*, die in Emphyteusis gegeben sind) unterschieden.

l. 7 C. Th. 7, 8 (400): Die Ländereien des Empörers Gildo werden als *domui nostrae sociata* bezeichnet; nach andern Quellen sind dieselben Güter an die *res privata* gefallen.[2]

3. Endlich hat *domus divina* noch eine ganz spezielle Bedeutung: es dient zur Bezeichnung gewisser Güter, die streng genommen nicht zur *res privata* gehören, aber doch häufig mit unter diesen Begriff gefaßt werden.[3] Es handelt sich um Domänen, die für den Unterhalt des kaiserlichen Hofes bestimmt waren und die man daher mit der modernen Civilliste verglichen

---

[1] Ebenso *domus nostra* l. 5 C. Th. 13, 1 (364), l. 5 C. Th. 10, 19 (365), l. 54 C. Th. 16, 5 (414) u. ö.; *domus divina = patrimonium nostrum* Nov. Th. 19 (440). Symmach. ep. V, 66 (ed. Seeck): *divinae domus actiones;* der *advocatus fisci* heißt *defensor domus nostrae,* l. 3 C. Th. 10, 4 (365?) und Sym. ep. 10, 41.

[2] Vgl. den *Comes et procurator divinae domus* als Verwalter der Gildonischen Güter l. 16 C. Th. 9, 42 (399) und C. J. L. VI, 1727. — *Domus* in dieser Bedeutung z. B. noch l. 2 C. Th. 1 (33 a. 376), l. 6 C. Th. 5, 14 (405), l. 9 C. Th. 11, 28 (415), l. 16 eod. (423).

[3] Die *domus divina* i. e. S. zweigt sich von der *res privata* ab, „*quasi ramus ab arbore*", sagt Lécrivain, p. 75.

hat.[1] Sie heißen wohl auch *domus dominica*[2] oder *praedia tamiaca:*[3] der *colonus tamiacus sive dominicus* der l. 1. C. 11, 69 gehört einem solchen Gute an.

Ein beträchtlicher Teil der *domus divina* lag in Kappadokien: diese Ländereien hießen die *„domus"* (plur.) schlechthin, standen unter einem besonderen *Comes domorum per Cappadociam*[4] und gehörten zum Ressort des Oberstkämmerers, des *Praepositus Sacri Cubiculi.*[5]

Auch im Occident, und zwar in Afrika, finden wir Besitzungen, die als *domus divina* von der übrigen *res privata* abgesondert und einem *rationalis rei privatae fundorum domus divinae per Africam* unterstellt sind.[6]

Gleichbedeutend mit *domus divina* und ebenso vieldeutig sind Umschreibungen, wie *domus augusta,*[7] *domus aeternabilis, domus sacratissima, domus regia, domus Clementiae, Mansuetudinis, Pietatis Nostrae.*

Allerdings ist es nun schwierig, ja zuweilen gar nicht möglich, zu erkennen, welchen Sinn *domus divina* etc. an der einzelnen Stelle hat. Aber daß es verschiedene Bedeutungen haben kann, muß man sich stets vor Augen halten, sonst verfällt man in den Irrtum WIART's,[8] als ob nun überall, wo von *domus divina* etc. die Rede ist, jene Sondergüter des kaiserlichen Hofhaltes gemeint seien.

Wir haben nun noch einige Ausdrücke zu besprechen, die nicht die Domänen selbst, sondern die Kasse bezeichnen, in welche ihr Ertrag fließt.

---

[1] WIART, p. 6f. [2] Nov. Marcian. 2 (450).

[3] l. 2 C. 11, 69 (475—84). Über die Bedeutung von *tamiacus* s. den folgenden Abschnitt.

[4] Zuerst 379 erwähnt: l. 2 C. Th. 6, 30, vgl. Goth. ad l. cit.

[5] Not. or. c. X (BÖCKING).

[6] Not. occ. c. XI; vgl. den afrikanischen *Comes domorum* l. 7 C. Th. 9, 27 (390).

[7] tit. C. 10, 25. 26; l. 1 C. Th. 10, 26 (426) scheint *dom. Aug.* die Domänen im allgemeinen zu bezeichnen. Sym. ep. 10, 41 (384) werden die Beamten der *res privata* zuerst *rationales patrimonii*, dann *rationales augustissimae domus* genannt.

[8] p. 5.

Die konstantinische Zeit kennt drei Reichshauptkassen: die Arca des *Praefectus Praetorio* und die beiden kaiserlichen Kassen der *sacrae largitiones* und der *res privata.*[1] Die *Arca praefectoria* kommt für uns nicht in Betracht; ebensowenig die *Sacrae largitiones*, der alte *fiscus*, in welche die Erträgnisse der Zölle und des Münzregals, der kaiserlichen Bergwerke und Fabriken, sowie ein Teil der Steuern fließen. Der Ertrag aller Domänen geht an die Kasse der *res privata;* ausgenommen sind nur die kappadokischen *praedia tamiaca*, die dem *Sacrum Cubiculum* zugewiesen sind. Ein Domanium des *fiscus* i. e. S., der *sacrae largitiones* giebt es in dieser Zeit nicht mehr. Was der Fiskus an Landgütern besaß, ist, wir wissen nicht wann, aber wahrscheinlich schon vor Constantin, an das Krongut, die *res privata* übergegangen.[2] Alle früheren Erwerbstitel des Fiskus, die Konfiskation von *bona vacantia* und *caduca*, von *bona damnatorum* u. s. w., kommen jetzt, soweit es sich um Liegenschaften handelt, der *Res privata* zu gute, und es ist nicht einzusehen, auf welche Weise die *Sacrae Largitiones* noch hätten Landgüter erwerben sollen.[3]

Das Wort *fiscus* bezeichnet in unserer Periode nicht ausschließlich, ja nicht einmal in erster Linie, die *sacrae largitiones*, sondern ebenso gut die *res privata.* So ist in dem tit. *de iure fisci* C. Theod. 10, 1 viel mehr von der *res privata*, als von den Rechten der *sacrae largitiones* die Rede, und häufig wird von Gütern, welche die *rei privata* einzieht, gesagt, sie gingen an den „*fiscus*". Fiskus heißt eben damals alles, was dem Kaiser oder, was dasselbe ist, dem Staate gehört.

Wir verstehen nun, warum die Rubrik des tit. Cod. 11, 68 von *agricolae et mancipia dominica vel fiscalia sive rei privatae* spricht (das Wort *fiscalis* kommt im ganzen Titel nicht vor), warum es Rubr. tit. C. 11, 71 heißt *de locatione praediorum civilium vel fiscalium sive res privatae* (innerhalb dieses tit. kommt

---

[1] Die *res privata* wird auch zuweilen *arca* genannt.

[2] Vgl. Wiart, p. 13f., Lécrivain, p. 75. Anderer Meinung ist Karlowa, I, 842 f.

[3] Seit dem Anfang des 3. Jahrhunderts hört man nichts mehr von fiskalischen Domänen. Erst in den Titelrubriken des Just. Cod. treten wieder *praedia fiscalia* auf: hier sind aber die *fundi rei privatae* gemeint.

fiscalis nur l. 1 vor und zwar in Hinblick auf die *res privata*): es handelt sich hier überall um Ländereien der *res privata.*[1]

Der Zusatz „*vel fiscalis*" erscheint nur in den Rubriken der Titel über *fundi rei privatae;* er fehlt in den Überschriften derjenigen Titel, die von den *fundi rei privatae* handeln: das deutet vielleicht darauf, daß die *res privata* als Krongut dem alten *fiscus* näher verwandt ist, als die Schatullgüter, die *fundi patrimoniales.*

In derselben Weise, wie *fiscus*, verwenden die Quellen das Wort *aerarium:* wo es nicht durch einen Zusatz, wie *sacrum*[2] oder *publicum*[3] (= *sacrae largitiones*) oder *privatum*[4] näher charakterisiert wird, kann es beide kaiserlichen Hauptkassen bezeichnen: *utrumque nostrum aerarium* steht zuweilen im Gegensatz zur *Arca praefectoria.*[5]

Genau die gleiche Bedeutung hat *Largitiones nostrae*,[6] event. näher bestimmt durch „*privatae*".[7]

Werfen wir noch einen Blick auf die Sprache der Gesetze aus der Zeit der Kaiser Anastasius und Justinian.

Anastasius hat die Verwaltung der *fundi patrimoniales* dem *Comes rei privatae* entzogen und einem neuen Beamten, dem *Comes sacri patrimonii* zugewiesen. Dem entsprechend gebrauchen die Quellen von nun an die Bezeichnung *patrimonium sacrum* technisch und allgemein für die *fundi patrimoniales.* Indessen haben die Compilatoren des Justinianischen Codex *patrimonium nostrum etc.* auch da stehen lassen, wo sie es in der alten Bedeutung für *res privata* oder im weiteren Sinne für Domanium überhaupt antrafen.

Bei der Untersuchung des Justinianischen Sprachgebrauchs kommen zunächst die Titelrubriken des Codex in Betracht. Doch

---

[1] Ebenso tit. C. 11, 72: *de conductoribus et procuratoribus sive actoribus praediorum fiscalium et domus augustae.* Vgl. l. 1 C. 1, 33 (368), l. 20 C. Th. 16, 10 (415); auch das griech. Wort δημόσιος (*fiscalis*) wird von der *res priv.* gebraucht, z. B. l. 4 C. 1, 33.

[2] l. 41 C. Th. 11, 3. Nov. Marc. 2 u. ö. [3] Nov. Val. 10.

[4] l. 16 C. Th. 11, 18. [5] l. 16 C. Th. 11. 28. Nov. Marc. 2 u. ö.

[6] Beide Kassen l. 3 C. Th. 11, 28 (*ad praefectum praetorio sive ad largitiones nostras*); *res privata* allein l. 19 C. Th. 5, 13, l. 7 C. Th. 4, 12.

[7] l. 17 C. 10, 32. Nov. Marc. 3. Not. Occ. c. XI.

erschwert hier die Oberflächlichkeit der Compilatoren die Übersicht in hohem Grade.

Einmal nämlich nehmen sie Begriffe in die Überschrift auf, die in den Constitutionen des Titels gar nicht vorkommen: so z. B. tit. 11, 66: *de fundis rei privatae et saltibus divinae domus:* von *saltus divinae domus* ist in dem ganzen Titel keine Rede.

Andrerseits bringen sie Constitutionen, die offenbar ganz dieselbe Sache behandeln, in verschiedene Titel. Die Rubrik von tit. 11, 67 lautet: *De fundis et saltibus rei dominicae;* tit. 68 handelt *de agricolis et mancipiis dominicis vel fiscalibus sive rei privatae*, tit. 69 dagegen *de praediis tamiacis et de his qui ex colonis dominicis procreantur.* Von den beiden Constitutionen des tit. 69 hat die erste die Verhältnisse der *coloni tamiaci* zum Gegenstand und sie zeigt, daß diese identisch sind mit den *coloni dominici.* Die Constitution hätte also in den vorhergehenden Titel gehört und ist nur wegen des neuen Namens *tamiaci* in einen neuen Titel verwiesen worden. L. 2 C. 11, 99 hingegen spricht von der Veräußerung der *fundi tamiaci iuris;* diese Grundstücke sind aber identisch mit den *fundi divinae domus;* weil sie hier *tamiaci iuris* genannt werden, wurde diese Constitution statt in den tit. 67 in diesen neuen Titel aufgenommen.

Dazu kommt nun noch die schon erwähnte Häufung gleichbedeutender Ausdrücke, die gerade in den Titelrubriken des 11. Buches des Codex mehrfach begegnet.

Die Novellen Justinians sind sorgfältiger redigiert, dagegen kommt hier durch den Gebrauch der griechischen Sprache eine neue Schwierigkeit hinzu, da wir oft nicht genau wissen, welchen lateinischen Begriff das griechische Wort wiedergeben will.

Die *fundi rei privatae* heißen jetzt auch *praedia fiscalia:* wir haben vorhin gesehen, welchen Sinn das Wort *fiscalis* hier hat.

Die Ausdrücke *divina domus* und *res dominica* können sich auch jetzt noch auf das ganze Domanium[1] oder auf die *Res*

[1] Novella Tiberii 578/82 (ed. Osenbrüggen in der Kriegelschen Ausg. d. Corp. Jur. III, 727 ff.) *περὶ τῶν θείων οἴκων* handelt von den Übergriffen der Domänenpächter und -verwalter und spricht ganz allgemein von *θεῖοι οἶκοι, θεῖαι οἰκίαι, βασιλικοὶ οἶκοι, βασιλικαὶ οἰκίαι.* Zu ihnen gehören nach c. 1

privata[1] beziehen, sie können aber auch die besondere Klasse von Domänen bezeichnen, die sonst *praedia tamiaca* genannt werden.[2] Auch *Domus Augusta* in tit. C. 11, 72 und 75[3] ist wohl in der engeren, technischen Bedeutung zu nehmen. Der Name *praedia tamiaca*, der in der Rubrik des tit. C. 11, 69 auftritt, kehrt wieder in der Novelle 30. Die Unterscheidung der *divina domus* im engeren Sinne von der *res privata* hebt sich in der Justinianischen Zeit viel schärfer hervor als früher: *res privata, patrimonium* und *divina domus* sind jetzt drei coordinierte Begriffe.

2. Die drei Klassen der Domänen.

Wir haben gesehen, dass in den Quellen der späteren Kaiserzeit drei Arten von Domänen, *fundi rei privatae, fundi patrimoniales* und *fundi divinae domus* deutlich erkennbar sind. Es fragt sich nun, was diese Unterscheidung thatsächlich und rechtlich zu bedeuten hatte.

1. Die *res privata* stellt, wie schon unter Septimius Severus, das Krongut dar: wie sie schon damals die Güter der Proskribierten in sich aufgenommen hatte, so erhält sie auch jetzt noch fortwährend neuen Zuwachs durch die *bona vacantia, caduca* und *damnatorum*, alles Vermögensmassen, die dem Kaiser aus Gründen des öffentlichen Rechts zufallen. Dazu mögen, wir

---

ἡ πατριμονιαλικὴ οἰκία (die *fundi patrimoniales*) und *ἡ τῶν νέων ἐκκλησιῶν προεστῶσα βασιλικὴ οἰκία* (damit ist vielleicht ein bestimmtes Dominialgut gemeint). Prokop. bell. Goth. 1, 4 sagt von dem ostgoth. Königsgut: *τὴν βασίλειον οἰκίαν ἣν οἱ Ῥωμαῖοι πατριμόνιον καλεῖν νενομίκασιν.*

[1] *Divina domus* tit. C. 11, 66; *res dominica* tit. C. 11, 71: *de locatione praediorum fiscalium ... sive rei privatae vel dominicae (domus nostra* in l. 5 ist wohl nicht im engeren Sinne zu nehmen), tit. C. 11, 74: *de collatione fundorum fiscalium vel rei privatae vel dominicae.*

[2] *Res dominica* tit. C. 11, 67 u. 69. *Dominicus* kommt vereinzelt schon vor Justinian in diesem engeren Sinne vor. Wenn Wiart p. 5 meint, *res dominica* bezeichne immer die *praedia tamiaca*, so spricht dagegen die westgothische Interpretation zu l. 1 C. Th. 2, 1; l. 2 C. Th. 10, 4, sowie die p. 21 angeführten Stellen.

[3] 72: *de conductoribus .. praediorum fiscalium et Domus Augustae,* 75: *de privilegiis Domus Augustae vel rei privatae.*

wissen nicht wann, die Ländereien des *fiscus* und die Reste des alten *Ager publicus* gekommen sein. Und als im 4. Jahrhundert das Christentum Staatsreligion wurde, erhielt die *Res privata* neuen Zuwachs durch die Einziehung zahlreicher Stadt- und Tempelgüter.

Die Bestimmung der *res privata* ergiebt sich aus l. 5 C. 11, 75 (431) „*excepto patrimonio pietatis nostrae, cuius quidem reditus necessitatibus publicis frequentissime deputamus* . .“: ein grosser Teil des Ertrags der *res privata* wird zu öffentlichen Zwecken verwendet und vielleicht sind davon nur die Einkünfte aus den Gütern der *domus divinae* i. e. S., die dem Unterhalt des Hofes dienten, ausgenommen.[1]

2. Die *fundi patrimoniales*, das Patrimonium des Anastasius enthalten die Privatgüter oder Familiengüter des jeweils regierenden Kaisers,[2] die ja von alters her als *patrimonium principis* bezeichnet worden waren. Wenn eine neue Dynastie auf den Thron kam, so wurde ihr Hausgut zum *sacrum patrimonium.* Über die Verwendung des Ertrags wissen wir leider nichts: es scheint, daß das *patrimonium* dem Privatschatullgut *(domaine privé* im Gegensatz zum *domaine de la couronne)* der modernen Fürsten entsprach. Im Ostgothenreich, wo es eine *domus divina* i. e. S. nicht gab, erfüllte das *patrimonium* die Functionen jener Klasse: die Einkünfte des königlichen *patrimonium* wurden für den Unterhalt des Hofes verwendet und der *Comes patrimonii* hatte für die königliche Tafel *(epulae)* zu sorgen.[3]

3. Die *praedia domus divinae.* die in der zweiten Hälfte des 4. Jahrhunderts als eigene Gattung von Domänen hervortreten, sind für die Kosten des Hofhaltes bestimmt. Zu diesen Gütern gehören die *praedia tamiaca* in Kappadokien, die dem *Comes domorum* und dem *Praepositus Sacri Cubiculi* unterstellt sind und deren Ertrag in die Kasse des *sacrum cubiculum* fließt. Aber

[1] Vᴜʏ a. a. O. p. 93 n. 183, 185.

[2] Dies ergiebt sich aus den Worten der l. 1 C. 1, 34 (*τῆς ἐφευρεθείσης οὐσίας τῷ δημοσίῳ ἢ ἐφευρεθησομένης προβεβλήσθω ἢ καλείσθω κόμης τῆς ἰδικῆς κτήσεως*), sowie aus Lydus II, 27: *ὁ λεγόμενος πατριμώνιος* (*ἀντὶ τοῦ φύλαξ τῆς ἰδίᾳ πῶς ἀνηκούσης τῷ βασιλεῖ καὶ τυχὸν ἐκ προγόνων περιουσίας*).

[3] Cass. VI, 9, s. u. p. 74.

auch derjenige Teil der *domus divina*, der bis auf Justinian unter der Verwaltung des *Comes rei privatae* stand, muss gleichen Zwecken gedient haben und man kann daher sagen, daß die *domus divina* die gleichen Funktionen erfüllt, wie die moderne Civilliste.

Über die Herkunft der Domänen dieser Gattung wissen wir nichts. Es ist möglich, daß die kappadokischen Güter dem ausgedehnten Tempelbesitz dieser Landschaft entstammen.[1] Ebenso gut ließe sich aber denken, daß diese *praedia tamiaca* auf altes Königsgut zurückgehen: in den Ländern des inneren Kleinasiens, wo die hellenistische Stadtverfassung erst sehr spät Eingang fand, muß es von jeher umfangreiche königliche Domänen gegeben haben, und wir werden auf die *saltus* dieser Gegenden noch zu sprechen kommen.

Der kaiserlichen *domus divina* stehen die *domus* der Kaiserin und der Prinzen, die man als Apanagegüter bezeichnen kann, zur Seite.

Eine besondere Betrachtung verlangt in diesem Zusammenhang die Bezeichnung *praedia tamiaca*, *χωρία ταμιακά*, die u. a. in Nov. 30 von den kappadokischen Gütern gebraucht wird. Das Hauptwort *ταμιεῖον*, *ταμεῖον* bedeutet den Ort, wo etwas aufbewahrt wird und wird daher von den Glossen einmal mit *cellarium, cella proma, penarium*, d. h. Vorratskammer für Lebensmittel, das andere Mal mit *aerarium, fiscus*, d. h. Schatzkammer, wiedergegeben.[2] Das davon abgeleitete Eigenschaftswort *ταμιακός* läßt sich ebensowohl auf die eine, wie auf die andere Bedeutung von *ταμιεῖον* beziehen. Die älteren Commentatoren der Nov. 30, Cuiaz, Panciroḷus, Gutherus und auch noch Böcking,[3] haben in der Verbindung *χωρίον ταμιακόν*, *ταμιακός* mit *cellariensis, ad cellarium (sc. principis) pertinens* wiedergegeben und somit in den *χωρία ταμιακά* Güter gesehen, deren Ertrag *in natura* in die Vorratshäuser des kaiserlichen Hofes abgeliefert wurden.

---

[1] Goth. zu l. 2 C. Th. 6, 30 und die dort angeführte Stelle des Strabo.

[2] Vgl. die Wörterbücher von Stephanus und Ducange.

[3] Cuiac. Op. II sp. 1085 f., Panciroḷ. not. dign. 2. Ausg. (Lugd. 1608) p. 40, Gutherus p. 790 ff., Böcking, not. or. 232 ff.; richtig dagegen Goth. zu l. 2 C. Th. 6, 30.

Diese Erklärung der *praedia tamiaca* steht aber zunächst im Widerspruch mit der Bemerkung des Scholiasten zu der betreffenden Stelle der Epit. Juliani: *tamiaca id est fiscalia, nam ταμεῖον appellant Graeci aerarium*".[1] Aber auch c. 6 der Nov. 30 muß uns dazu führen, diese Erklärung zu verwerfen: hier erfahren wir, daß die Abgaben der kappadokischen *praedia tamiaca ἐν χρυσῷ καὶ ἐσθῆτι, in auro et veste*, bestanden; unter der *vestis* wird man Wolle oder Leinwand zu verstehen haben; von *species cellarienses* sagt die sehr ausführliche Nov. 30 kein Wort. Daraus ergiebt sich, meines Erachtens ganz klar, daß die Übersetzung von *χωρία ταμιακά* mit „*praedia ad cellarium pertinentia*" falsch ist.

Ταμιακός muß sich auf irgend eine Kasse beziehen; es fragt sich nur, welche damit gemeint ist. Daß *χωρία ταμιακά* in Nov. 30 ganz allgemein für Domänen stünde, ist nicht denkbar: dieses Gesetz überträgt dem *proconsul Cappadociae* die Verwaltung der *praedia tamiaca* der ganzen pontischen Diöcese. Nun aber wissen wir, daß es vorher und nachher in der Diöcese Pontus nicht nur Domänen einer bestimmten Gattung, sondern Güter verschiedener Art gab:[2] das Edict. VIII Justinians, das sicher später fällt, als die Nov. 30, erwähnt in Pontus, *χωρία τῶν θείων ἡμῶν πριβάτων καὶ τοῦ θείου πατριμονίου καὶ τῆς ἡμετέρας οἰκίας*. Wäre nun durch Nov. 30 die Verwaltung aller Domänen der Diöcese in der Hand des Prokonsuls vereinigt worden, so hätte diese spätere Unterscheidung der drei Klassen keinen Sinn mehr. Es müssen also mit den *praedia tamiaca* Domänen einer bestimmten Gattung gemeint sein.

Wir kommen auf diese Weise dazu, *praedia tamiaca* für die technische Bezeichnung der kappadokischen *domus* zu halten, die der Aufsicht des *comes domorum*, später des *proconsul Cappadociae* unterstanden und deren Ertrag (mit Ausnahme der *vestis*) in die Kasse des *Praepositus sacri cubiculi* floß. Diese Kasse und nicht die *cella* ist es also, die als *ταμιεῖον* im engern Sinne bezeichnet wird.[3]

---

[1] In Stephan. Thes. ling. graec. s. v. tamiacus.

[2] *Fundi patrimoniales* l. 6 C. 11, 62 (384). l. 1 nov. Theod. 5 (438); *magister rei privatae* l. 1 C. 11, 52 (439).

[3] Nov. 30 c. 8 § 1.

Den gleichen Sinn hat *tamiacus* noch an mehreren anderen Stellen: l. 1 c. 11, 69 (475/84), wo es mit *dominicus* synonym gebraucht ist; l. 2 eod. (475/84); *Rubr. tit. C. de praediis tamiacis et de his qui ex colonis dominicis etc.* 11, 69.[1]

Tamiacus kann aber auch im weitern Sinne gebraucht werden, wie ja *ταμιεῖον* jede öffentliche Kasse bezeichnen kann, und bedeutet dann einfach im kaiserlichen Besitz befindlich. Diesen Sinn hat das Wort, wie mir scheint, Nov. 38 c. 6: hier heißt es, die entflohenen Curialen sollen wieder zur Curie zurückkehren, auch, wenn sie sich in gutshörige Abhängigkeit, in eine *ταμειακὴ ἢ κωμητικὴ ἢ κογκυλευτικὴ ἢ ἄλλη κατάστασις* begeben haben: offenbar ist hier bei der *κωμητικὴ κατάστασις* an private Grundhörigkeit, bei der *ταμειακή* an den Colonat auf allen Domänen, ohne Unterschied der Gattung, gedacht. Dieselbe Bedeutung von *tamiacus* möchte man für Nov. 31 annehmen, wo dem Comes von *Armenia tertia* Strafgewalt zugesprochen wird über jede *persona, sive privata sive militaris sive tamiaca est.* Da aber diese Novelle am gleichen Tag erlassen ist, wie Nov. 30, so scheint es mir bedenklich, hier einen anderen Gebrauch des Wortes anzunehmen, als dort: man muß daher aus Nov. 31 schließen, daß alle Domänen von Armenia III zur Klasse der *praedia tamiaca* gehörten. Welchen Sinn endlich *tamiacus* in einem Briefe des Bischofs Theodoret hat, wonach die Stadtflur von Kyrrhos in Euphratensis 50 000 *ζυγὰ ἐλευθερικά* (d. h. in Privatbesitz) und 10 000 *ζυγὰ ταμιακά* umfaßt, wage ich nicht zu entscheiden.[2]

Der Unterscheidung der drei Gruppen von Domänen hinsichtlich ihrer Herkunft und ihrer Bestimmung entspricht die verschiedenartige Behandlung in der Verwaltung. Doch darf man sich diese Unterschiede nicht zu groß vorstellen: bis auf Anastasius unterstehen sämmtliche Domänen (mit Ausnahme der

---

[1] l. 2 C. 11, 67 (396), heißen die kappadokischen Güter „*loca ad sacrum dominium pertinentia*"; die Titelüberschrift lautet „*de fundis et saltibus rei dominicae*".

[2] Theodoret (Migne patr. gr. 83) ep. 42 (a. 420/57). Huschke, Über d. Census u. die Steuerverf. d. römischen Reichs (Berl. 1847) p. 102 denkt an „steuerfreie und steuerpflichtige Hufen", aber der Vergleich mit nov. 30 zeigt die Unrichtigkeit dieser Erklärung.

afrikanischen *fundi patrimoniales* und der kappadokischen *praedia tamiaca*) der Oberaufsicht des *Comes rei privatae*. Über die mittleren Instanzen der Domänenverwaltung sind wir mangelhaft unterrichtet und in der Verwaltung und Bewirtschaftung des einzelnen Domanialgutes sind prinzipielle Verschiedenheiten kaum zu constatieren.

Was die rechtliche Bedeutung der drei Klassen anlangt, so ist von vornherein klar, daß in der Person des Eigentümers eine Verschiedenheit nicht besteht: Eigentümer aller Domänen, mit alleiniger Ausnahme der erwähnten Apanagegüter, ist der Kaiser.[1] Wohl aber tritt uns die Frage entgegen, was mit den Domänen geschah, wenn eine neue Dynastie auf den Thron kam? Diese Frage wird leider in den Quellen nicht erörtert, und wir wissen nicht ob, wie man *a priori* annehmen sollte, der depossedierten Familie das Eigentum an denjenigen *fundi patrimoniales*, die sie zum Domanium hinzugebracht hatte, belassen wurde.

Erwägungen der genannten Art haben Mommsen veranlaßt, folgenden Satz auszusprechen: „eine prinzipielle Unterscheidung von Fiskal- und Krongut (darunter versteht Mommsen die *res privata* und das *patrimonium*) ist für diese Epoche (die Zeit Cassiodors) unmöglich und die Verordnung C. J. 1, 34, 1 führt vielmehr auf völlige Gleichartigkeit beider Ämter" (des *Comes rei priv.* und *sacri patrimonii*). Ist diese Ansicht richtig? ist es zutreffend, wenn Mommsen annimmt, daß Anastasius „eine rein äußerliche Teilung der Domänen zwischen den beiden Comites" vollzogen habe? Ich glaube nicht. Wie mir scheint, ignoriert Mommsen den Umstand, daß die Quellen des 5. Jahrhunderts, so gut wie die des vierten, noch immer zwischen *fundi rei privatae* und *fundi patrimoniales* unterscheiden; die Trennung der beiden Gruppen griff nicht erst unter Anastasius Platz, dieser Kaiser hat nur die bisherige Einheitlichkeit der Oberverwaltung beseitigt. Ferner ist auf die Ansicht Mommsens zu entgegnen, daß eine solche rein äußerliche Teilung ohne prinzipielle Bedeutung, wie er sie annimmt, doch nur dann einen Sinn gehabt hätte,

[1] l. 2 § 4 D. 43, 5 (Ulpian.): *res enim fiscales quasi propriae et privatae principis sunt.*

wenn man die Domänen ganzer Bezirke, einzelner Provinzen oder Diöcesen, dem einen oder andern Ressort zugewiesen hätte. Wenn man anders teilte, so lief das ganze Verfahren auf eine unnötige Komplikation der Verwaltung hinaus. Nun aber finden wir, auch noch nach Anastasius, innerhalb derselben Provinz *fundi rei privatae* und *fundi patrimoniales*, ja auch *fundi divinae domus*, neben einander und diese Erscheinung spricht meines Erachtens klar gegen den von MOMMSEN behaupteten Charakter der anastasianischen Reform.

3. Die res privata.

Die konstantinische Monarchie hat den Domänenbestand, den sie aus der Zeit des Prinzipats übernommen hatte, noch beträchtlich vermehrt.[1]

1. Die *bona proscriptorum seu damnatorum* fallen in dieser Zeit ganz oder zum Teil an die *res privata*.[2] Bei den Liegenschaften war dies vielleicht schon seit Septimius Severus der Fall; die Fahrhabe scheint im 4. Jahrhundert noch an die *sacrae largitiones* gegangen zu sein,[3] doch lag die Inventarisierung und Einziehung der ganzen Vermögensmasse dem *Comes rei privatae* und seinen Beamten ob.[4] Im 5. Jahrhundert empfängt der Kronschatz auch die Mobilien der *bona damnatorum*.

Gegen die Angehörigen der Verurteilten verfuhr man milder als früher: waren nahe Verwandte vorhanden, so ließ man ihnen das Vermögen.[5] Nur bei bestimmten Verbrechen, wie Hochverrat und Zauberei, trat auch in diesem Falle Vermögenseinziehung ein.

Spätere Constitutionen setzten eine Teilung des Vermögens zwischen dem Staate und den Verwandten fest, die sich, je nach

---

[1] Vgl. zum folgenden LÉCRIVAIN, p. 69—73. — WIART, p. 14—25.

[2] l. 3 C. Th. 9, 42 (357). l. 7 eod (369). l. 1 C. Th. 10, 9 (369). l. 13 C. Th. 9, 42 (393). l. 17 eod. (401). Symmach. ep. V 54 (396/97).

[3] l. 5 C. Th. 9, 42 (362). Symmach. ep. l. c.

[4] l. 3 C. Th. 9, 42 (357). l. 7 eod. (369). l. 1 C. Th. 10, 9 (369).

[5] Gesetz Constantins bei Sozom. 1, 8 (HÄNEL, Corp. leg. 196). l. 2 C. Th. 9, 42 (356).

der Schwere des Vergehens und nach der Nähe der Verwandtschaft verschieden gestaltete.[1]

Aus dieser Erwerbsquelle erhielt das Krongut schon am Anfang unserer Periode, in den Bürgerkriegen und Aufständen der Constantinischen Zeit, ganz bedeutenden Zuwachs. Neue Vermehrung brachten dann die Hochverratsprozesse des Rufinus[2] und Eutropius[3] im Orient, die Ächtung Gildos[4] und Stilichos im Westen, die Donatistenunruhen in Afrika. Besonders nach der Empörung des Mauren Gildo müssen ganz ungeheuere Ländermassen an die *res privata* gefallen sein, so daß man es für angebracht hielt, die Verwaltung dieser Güter einem besonderen Beamten vom Range eines Comes anzuvertrauen.

2. Neben der Einziehung ganzer Vermögensmassen kam auch die Confiscation einzelner Güter als Strafe häufig vor. Man zog das Grundstück ein, auf dem ein Vergehen verübt worden,[5] oder auch das, auf welches die Früchte der That gebracht worden waren.[6] Die Confiscation traf das Gut mit seinem gesammten Inventar.[7]

3. Die *bona vacantia* und *caduca* scheinen noch 313 an den Fiscus im engeren Sinne gekommen zu sein.[8] Später wurde wohl auch bei ihnen in der Weise geteilt, daß die Grundstücke mit ihrem Inventar an die *res privata*, das übrige Vermögen an die *sacrae largitiones* fiel.[9] Neuere Constitutionen wandten dann

---

[1] l. 8, 9 C. Th. 9, 42 (380). l. 24 eod. (426). Ebenso im Cod. Just.: l. 8 C. 9, 42 (= l. 9 cit.).

[2] l. 14 C. Th. 9, 42 (396). [3] l. 17 C. Th. 9, 40 (399).

[4] l. 16 C. Th. 9, 42 (399). l. 7 C. Th. 7, 8 (400); Claudian., de bello Gild. (ed. Birt) v. 343: *iungantur spoliis Firmi Gildonis opima.*

[5] Z. B. l. 8 C. Th. 16, 5 (381). l. 12 C. Th. 16, 10 (392). l. 2 C. Th. 12, 18 (396).

[6] l. 1 C. Th. 9, 17 (340) beim Vergehen der Gräberberaubung.

[7] l. 6 C. Th. 12, 1 (319): *fundus cum mancipiis et pecoribus ceterisque rebus, quae cultui rustico sustinentur.*

[8] l. 1 C. Th. 10, 8; ebenso l. 1 C. 10, 10.

[9] Vgl. l. 2 C. Th. 10, 8 (319). l. 5 C. Th. 10, 10 (340): beide Erlasse sind an Beamte der *Sacrae largitiones* adressiert, doch wissen wir nicht ob es sich um Grundstücke oder Mobilien handelt.

die *bona vacantia* und *caduca* ganz der *res privata* zu,[1] bis endlich Theodosius II. bestimmte, die *bona vacantia* sollten zwischen dem Staatsschatz, dem Kronschatz und der *Arca praefecturae* zu gleichen Teilen geteilt werden.[2]

Die Vermehrung des Staatsvermögens durch die *bona vacantia* und *caduca* war zurückgegangen, seit Constantin die Strafen der *Lex Julia et Papia Poppaea* für *caelibes* und *orbi* aufgehoben[3] und besonders seit Theodosius II. auch noch die Bestimmungen dieses Gesetzes über die gegenseitigen Zuwendungen kinderloser Ehegatten außer Kraft gesetzt hatte.[4] Aber es müssen doch immer noch bedeutende Reichtümer gewesen sein, die dem kaiserlichen Schatz aus dieser Quelle zuflossen.

4. Vermächtnisse an den Kaiser werden nicht mehr so häufig erwähnt, wie früher. Daß sie auch jetzt noch vorkamen, beweist die Aufnahme der betreffenden Bestimmungen in die Justinianischen Rechtsquellen.[5] Dagegen hören wir öfters von Schenkungen an den Kaiser: so erhielt Constantin vom *Praepositus sacri cubiculi* Festus einen Gütercomplex *(Massa Festi)* bei Praeneste, von einem gewissen Herkules eine *possessio* bei Falisca in Etrurien u. s. w.[6] Die Schenkung erfolgte bisweilen mit Vorbehalt des lebenslänglichen Nießbrauches, und es ist möglich, daß diese Art der Zuwendung die alte Sitte der Vermächtnisse an den Kaiser allmählich verdrängt hat.[7]

5. Einen bedeutenden Zuwachs erhielt das Krongut durch die Säkularisation der heidnischen Tempel[8] und die damit zusammenhängende Einziehung der Gemeindegüter.[9]

---

[1] l. 6 C. Th. 10, 10 (342). l. 7 eod. (345). l. 8 (353). l. 9 (364). l. 11 (369) eod. u. s. w. l. 5 C. Th. 10, 8 (435).

[2] l. 2 Nov. Theod. 17 (444 = l. 2 C. 10, 12).

[3] l. un. C. Th. 8, 16 (320 = l. 1 C. 8, 57).

[4] l. 2 C. Th. 8, 17 (410 = l. 2 C. 8, 57).

[5] l. 56 D. 31; Vermächtnis an die Augusta l. 57 eod.

[6] Liber pontif. (ed. Duchesne) p. 170 ff. [7] Nov. Val. 10 § 1 (441).

[8] Marquardt, Röm. St. V. III[1] 112—117; Schiller, Gesch. der röm. Kaiserzeit, III, 292 f., 329, 353 ff.; E. v. Lasaulx, Der Untergang d. Hellenismus und d. Einziehung seiner Tempelgüter durch d. christl. Kaiser, Münch. 1854; eine genügende Geschichte d. Säkularisation fehlt.

[9] Hegel, Gesch. d. Städteverf. v. Italien I, 72 f.; Brunner, Die Erb-

In dem Verhalten der christlichen Kaiser gegenüber dem Heidentum lassen sich drei Phasen unterscheiden. In der ersten Periode, unter Constantin und seinen Söhnen, sind Heidentum und Christentum im Prinzip gleichberechtigt, in der Praxis macht sich ganz allmählich eine gewisse Begünstigung des Christentums geltend. Der Kaiser schreitet ein gegen unsittliche heidnische Kulte und gegen den staatsgefährlichen Unfug der Wahrsager und Zeichendeuter und verbietet aus diesem Grunde das Tieropfer.[1] Nach der kurzen heidnischen Reaktion unter Julian, beginnt mit Valentinian I. die zweite Periode. Der römische Staat nimmt ein entschieden christliches Gepräge an: Gratian legt die Würde eines *Pontifex Maximus* nieder und vollzieht die große Säkularisation von 382. Die dritte Phase endlich setzt mit Theodosius dem Gr. ein. Es beginnt ein planmäßiger Vernichtungskampf gegen das Heidentum, der 529 mit der Schließung der athenischen Akademie durch Justinian seinen Abschluß findet.

Diesen drei Perioden entsprechen die Wandlungen in der Politik, die man in betreff des Tempelgutes einschlug.

Constantin ließ viele Tempel schließen, einzelne wohl auch zerstören, besonders solche, die die Stätte eines unsittlichen Kultes gewesen waren.[2] Die Besitzungen der geschlossenen und zerstörten Tempel zog der Kaiser für die *res privata* ein, einige schenkte er seinen Freunden, anderes wandte er den christlichen Kirchen zu. Eine allgemeine Säkularisation fand nicht statt, wenn auch einige Schriftsteller von einer solchen berichten.

Wenn Constantin für die Dotierung der Kirchen, außer den Tempelländereien, auch einen Teil der städtischen Einkünfte in Anspruch nahm,[3] so ließ sich das wohl damit rechtfertigen, daß diese Gelder bisher zum Teil für heidnische Feste[4] verwandt

---

pacht der Formelsammlungen v. Angers und Tours und die spätröm. Verpachtung der Gemeindegüter, Z. d. Savigny-St. für R. Gesch., Germ. Abt. V, 69—83; Lécrivain a. a. O. p. 107—112.

[1] Eusebius, Vita Const. 2, 45 (Hänel, Corpus p. 195): εἴργων τὰ μυσαρὰ τῆς . . εἰδωλατρίας μήτε μαντείαις ἐπιχειρεῖν . . μήτε μὴν θύειν.

[2] Lasaulx, p. 32 n. 76, dazu die Stellen des Theophanes und Kedrenos in Hänels Corp. p. 196 u. 205.

[3] Sozomenos 1, 8 und 5, 5, Hänel, Corp. 199.

[4] So der Ertrag der *agonotheticae possessiones*, Nov. Marc. 3 und ö.

worden waren; aber das Vorgehen des Kaisers bedeutete doch einen bedenklichen Eingriff in das Eigentumsrecht der Stadtgemeinden und ein schlimmes Beispiel für seine Nachfolger.[1]

Die Söhne Constantins schritten auf der von ihnem Vater betretenen Bahn fort, doch ohne dessen weise Mäßigung zu beobachten.[2] Besonders Constantius, der immer in Geldnot war,[3] nahm große Confiscationen von Tempelgut vor; was er nicht selbst behielt, schenkte er der Kirche oder überließ es an *petitores* zu Eigentum, anderes rissen die Beamten und Freunde des Kaisers an sich; manche Tempelländereien mögen auch durch bloße Occupation in den Besitz von Privatpersonen gekommen sein.[4] Dieses räuberische Treiben erregte nicht nur den Unwillen der Heiden, auch tolerante Christen, wie der Bischof Hilarius von Poitiers[5] verurteilten es aufs schärfste. Zu einer planmäßigen Säkularisation aller Tempelgüter kam es auch jetzt nicht.[6]

Den Stadtgemeinden erging es nicht besser, als den Tempeln: auch hier Einziehung von Ländereien für die *res privata* oder Überlassung an *petitores*, und so muß ein großer Teil des städtischen Grundbesitzes der Raubgier des Kaisers und seiner Beamten zum Opfer gefallen sein.[7]

Julian gab den Städten[8] und Tempeln[9] ihre Güter zurück, soweit sie nicht bereits in das Eigentum Privater übergegangen waren. Aber diese Reaktion war nur von kurzer Dauer.

---

[1] Daß vielleicht schon früher Confiscationen städtischer Güter vorkamen, könnte man schließen aus Hygin. p. 116 (*agri . . civitatium aliquarum, qui et ipsi plerique ad populum Romanum pertinent*), sowie aus einer Bemerkung des Ael. Lampridius v. Alex. c. 21 (*vectigalia civitatibus ad proprias fabricas deputavit*).

[2] Lasaulx, p. 55 f.; l. 8 C. Th. 10, 1. [3] Schiller, III 292 ff.

[4] Notiz des Aggenus Urbicus, bei Lasaulx, p. 85 n. 246: *in Italia multi crescente religione sacratissima Christiana lucos profanos sive templorum occupaverunt et serunt.*

[5] Lasaulx, p. 56 n. 156; dort auch die Stellen aus Libanius u. Ammian.

[6] Die Vestalinnen z. B. behielten ihre Ländereien bis auf Valentinian II.

[7] Ammian. 25, 4, 15; l. 1 C. Th. 10, 3, vgl. Schiller a. a. O.

[8] l. 1 C. Th. 10, 3 (362) mit dem Com. Goth., Ammian. 25, 4, 15 *vectigalia civitatibus restituta cum fundis*; Julian. Misopog. p. 370 (Hänel, p. 218).

[9] l. 3 C. Th. 5, 14 (364), l. 8 C. Th. 10, 1 (364) und die Stellen bei Lasaulx, p. 64 n. 181.

Valentinian I. zog die zurückerstatteten Tempelländereien wieder zur *res privata*[1] und ungefähr im Jahre 382 verfügte Gratian die allgemeine Säkularisation sämmtlicher Tempelgüter.[2] Das Gesetz wurde 384 von Valentinian II. für Italien bestätigt und im Orient wird Theodosius I. nicht hinter seinen Mitkaisern zurückgeblieben sein. Die Verordnung Gratians, die wohl noch nicht überall zur Durchführung gekommen war, wurde dann von Honorius 415 nochmals eingeschärft.[3] Es wurde ausdrücklich bestimmt, daß alle Tempelgüter, die nicht an Kirchen oder Privatpersonen gekommen wären, der *res privata* zufallen sollten. Damit war die Säkularisation des Tempelgutes vollendet.

In der Behandlung der Gemeindeländereien ging nach dem Tode Julians jeder Reichsteil seinen eigenen Weg.

Im Osten muß bald nach dem Tode Julians, wahrscheinlich 379 eine neue Beraubung der Städte stattgefunden haben.[4] Wenn man nach der Veranlassung zu dieser radikalen Maßregel fragt, so läßt sich der Gedanke nicht abweisen, daß sie mit dem Gothenkriege des Valens und der dadurch herbeigeführten finanziellen Notlage im Zusammenhange stand.[5] Im Jahre 383[6] bestimmte Theodosius, die Pächter der früheren Gemeindegüter sollten auch weniger ertragsfähiges Land mit in Pacht erhalten; fände sich

---

[1] Siehe n. 2.

[2] Die Constitution ist nicht erhalten; sie wird citiert l. 20 C. Th. 16, 10; vgl. Marquardt a. a. O. Lasaulx, p. 126 n. 352 verlegt Gratians Gesetz ins Jahr 381 und meint ein Bruchstück davon in l. 7 C. Th. 16, 10 wiederzufinden, aber diese l. 7 gehört dem Orient an.

[3] l. 20 C. Th. 16, 10; vgl. die Stelle des Pseudo-Prosper Aquit. bei Lasaulx, p. 126 n. 352: *Honorius . . templa omnia cum suis adiacentibus spatiis ecclesiis contulit.*

[4] Brunner a. a. O. verlegt dieses Ereignis etwa in das Jahr 400, was, wie wir sehen werden, nur für das Westreich zutrifft. Die Nov. 3 Marcians (451) soll gelten für die Gemeindegüter, die seit 379 in die Hände Privater übergegangen waren. Daß 383 die Einziehung der Stadtgüter schon vollendet war, zeigen l. 2 C. 11, 7, l. 4 C. Th. 10, 3 (= l. 6 C. 11, 59): beide Constitutionen sind an den *Comes rei privatae* gerichtet, was gar keinen Sinn hätte, wenn es sich nicht um Grundstücke handelte, die sich im Besitz des Kaisers befinden. Man beachte auch den Ausdruck „*fundus qui ex publico iure descendit*“ in l. 4 cit.

[5] Vgl. Gothofred zu Nov. Marc. 3. [6] l. 4 C. Th. 10, 3.

zu diesen Bedingungen kein Pächter, so sollten die Ländereien an die früheren Besitzer *(possesores antiquos)*, nämlich die Dekurionen, zurückgehen: wir sehen daraus, daß die Städte vor der Beraubung ihren Grundbesitz an die Dekurionen verpachtet hatten.[1] Auch die Constitutionen der folgenden Jahre zeigen uns die Stadtgüter oder wenigstens einen bedeutenden Teil derselben,[2] im Besitz des Kaisers: der Kaiser giebt die *fundi rei publicae* in Erbpacht (Emphyteusis), genau ebenso wie seine *fundi patrimoniales.*[3] Dagegen sollte der Ertrag der neu erworbenen Gemeindegüter der Stadt zufallen.[4]

Eine abermalige Einziehung der städtischen Ländereien scheint in den ersten Jahrzehnten des 5. Jahrhunderts erfolgt zu sein,[5] doch läßt sich das nicht mit Sicherheit feststellen.

Der Kaiser konnte die eingezogenen Grundstücke in verschiedener Weise verwerten:[6]

1. er verschenkte oder verkaufte sie *dempto canone*, d. h. zu freiem Eigentum,

2. er vergab sie zu Eigentum mit Zinspflicht *(ius privatum salvo canone)*,

3. er verlieh sie in Zeit- oder Erbpacht.

Im Jahre 443[7] gab Theodosius II. den Städten diejenigen Güter zurück, die innerhalb der letzten 30 Jahre in den Besitz *(detentio)* Dritter gekommen waren: *exceptis vid. tantum his quae a procuratore divinae domus vel a v. i. Comite rei privatae iussu nostrae Clementiae vel communi consensu civitatum distracta sunt.* Demnach fielen an die Städte zurück:

1. die vom Kaiser verpachteten Grundstücke,

2. die von ihm verschenkten und

[1] Vgl. l. 2 C. Th. 10, 3 (W. 372).

[2] Nicht alle: einige sind erst später vom Kaiser den Städten weggenommen und an Dritte überlassen, andere von Dritten einfach occupiert worden; wieder andere sind bei den Städten verblieben oder von ihnen freiwillig verkauft worden, vgl. Nov. Theod. 23 (443).

[3] l. 7 C. 11, 62 (386), l. 33 C. Th. 5, 13 (393). [4] l. 2 C. 10, 34 (421).

[5] Nov. Theod. 23 (443): *praedia . . quae ad ius civile pertinent et a quibusdam . . . intra triginta annos ab hinc retro numerandos, detentae sunt;* vielleicht deutet auch l. 2 C. 10, 34 auf einen solchen Vorgang.

[6] Darüber s. p. 82 ff. [7] Nov. Theod. 23: *de loc. rei publ.*

3. die von Dritten ohne kaiserliche Verleihung okkupierten Grundstücke.[1]

Dagegen fielen nicht unter das Gesetz:

1. Grundstücke, die der Kaiser *salvo canone* oder *dempto canone* verkauft hatte,

2. solche, die die Stadt selber verkauft hatte.

Noch günstiger für die Gemeinden war ein Gesetz Marcians von 451;[2] es bestimmte:

1. alle die, welche seit 379 *praedia iuris civilis dempto canone* erhalten haben, sollen von nun an einen *canon* an die Stadt zahlen.

2. Güter, die bisher an den Kronschatz den *canon* gezahlt — d. h. also Grundstücke, die der Kaiser verpachtet oder *salvo canone* zu Eigentum vergeben hatte — zahlen auch fernerhin den *canon* an die *privatae largitiones.*

Wenn wir annehmen, daß das Gesetz Theodos' II. ausgeführt worden war, so enthielt die Verordnung Marcians folgende Neuerungen:

1. es betraf alle Gemeindegüter, die vor 413 oder nach 443 in den Besitz Privater gekommen waren,

2. auch die Grundstücke, die der Kaiser 413—443 *dempto canone* verkauft hatte (und die nach dem Gesetz des Theodos freigeblieben waren), sollten jetzt einen *canon* und zwar an die Stadt zahlen.

Bei dieser Bestimmung hatte es nun sein Bewenden. Noch die Constitution des Anastasius von 496[3] zeigt den gleichen Zustand: ein Teil der *pecuniae civiles* (πολιτικὰ χρηματά), d. h. des Pachtertrags der Stadtgüter, fällt an den Staat,[4] der andere Teil an die Städte.

Im Occident hat nach dem Tode Julians zunächst keine Einziehung von Gemeindeland stattgefunden.[5] Der Kaiser ließ

---

[1] Vgl. l. 2 C. 11, 71. [2] Nov. Marc. *de praed. civit. omn.* 3.

[3] l. 13 C. 10, 16.

[4] δημόσιον; damit kann auch die *res privata* gemeint sein.

[5] Anderer Ansicht Lécrivain, p. 112; die Stellen, die er anführt, beziehen sich auf den Orient oder auf Tempelgüter; l. 7 C. Th. 4, 12 spricht für unsere Meinung.

den Gemeinden die Verwaltung ihrer Güter, nahm aber von dem Ertrag derselben, und von den städtischen Einkünften überhaupt, zwei Dritteile für seine *Res Privata* in Anspruch.[1] Der Rest sollte den städtischen Bauten zu gute kommen.[2] Weil die Verpachtung der Stadtgüter im Westen durch die Gemeinden geschah, wurde den Curialen verboten, solche Güter zu pachten:[3] im Osten, wo die Verpachtung damals durch die kaiserlichen Beamten erfolgte, hätte ein solches Verbot gar keinen Sinn gehabt.

Im Jahre 400 kam es auch im Westreiche zu einer umfassenden Einziehung von städtischen Gütern.

Die Gesetze dieses Jahres[4] enthalten nämlich wieder Bestimmungen über die Verpachtung der *fundi rei publicae*; sie verbieten den *petitores* und den kaiserlichen Beamten *(palatini)* den Zutritt zu den Gemeindegütern, die innerhalb der Stadtmauer liegen, ganz oder unter gewissen Voraussetzungen: diese Grundstücke sollen an die Curien, Collegien und *corpora perpetuo iure* verpachtet werden.[5] Alles das läßt darauf schließen, daß damals die Stadtgüter, die außerhalb der Mauern lagen, vom Kaiser eingezogen oder an *petitores* vergeben worden sind.[6] Damit war

---

[1] Der Vorgang zeigt einige Ähnlichkeit mit der *divisio* des fränk. Kirchengutes unter Pippin: planmäßige Teilung an Stelle der frühern regellosen Beraubung.

[2] l. 18 C. Th. 15, 1 (374), l. 7 C. Th. 4, 12 (375), l. 32 C. Th. 15, 1 (= l. 11 C. 8, 11), l. 35 C. Th. 5, 13 (= l. 3 C. 11, 70), l. 33 C. Th. 15, 1 (395); vgl. auch l. 26 C. Th. 15, 1 (390): alle diese Constitutionen gehören dem Westen an.

[3] l. 2 C. Th. 10, 3 (372); über den Zweck dieses Verbotes siehe Brunner, p. 79; das Gesetz kann nicht lange gegolten haben, schon 375/78 finden wir wieder Curialen als Pächter von Stadtgütern (l. 5 C. 11, 59, ebenso l. 5 C. Th. 10, 3, l. 41 C. Th. 15, 1).

[4] l. 3 (und 4?) C. 11, 71.

[5] l. 5 C. Th. 10, 3 (400), l. 41 C. Th. 15, 1 (401), l. 43 C. Th. 15, 1 (405). Auf den etwas dunkeln Sinn dieser Gesetze einzugehen, ist hier nicht der Ort, da sie nur von Häusern, Bauplätzen etc., nicht von Feldgütern handeln.

[6] Wenn l. 13 C. 4, 61 (431) nochmals von der Zweidrittelteilung der städt. *vectigalia* spricht, so bezieht sich *vectigal* hier, wie in den übrigen Stellen des Titels, nicht auf Pachtgelder, sondern auf Zölle und andere Einkünfte.

man im Westen zu demselben Ergebnis gekommen, das der Osten schon zwanzig Jahre früher erreicht hatte.

Wenn nun Tempelgüter oder städtische Besitzungen in die Hände des Kaisers übergingen, so verloren sie dadurch ihren bisherigen Charakter nicht: sie blieben *praedia templorum, praedia rei publicae.* Sie werden als solche bald neben den *fundi patrimoniales,*[1] bald neben den *fundi rei privatae*[1] genannt, doch nie ganz zu einer bestimmten Klasse der kaiserlichen Güter gerechnet.[3]

Betrachten wir noch kurz die Einkünfte, die dem Kronschatz *(aerarium privatum)* zuflossen.

1. Unter den ordentlichen Einkünften steht in erster Linie der Ertrag der *fundi rei privatae,* mochten diese nun verpachtet sein oder in eigener Regie bewirtschaftet werden. Ob in der Zeit vor Anastasius auch der Ertrag der *fundi patrimoniales* in den Kronschatz floß oder ob schon damals eine besondere Kasse des *patrimonium* bestand, läßt sich nicht mit Sicherheit entscheiden: man möchte vermuten, daß die Pachtgelder dieser Schatullgüter zwar in eine besondere Kasse flossen, diese aber unter der Oberaufsicht des *Comes rp.* stand. Das gleiche läßt bis auf Justinian sich von den Gütern der *divinia domus* sagen, mit Ausnahme der kappadokischen Ländereien, die, wie wir schon sahen, ihren Ertrag an das *sacrum cubiculum* ablieferten.

2. Von dem Ertrag der städtischen und Tempelgüter und den übrigen städtischen Einkünften ist bereits die Rede gewesen.

---

[1] tit. C. Th. *de locatione fund. iuris emphyteutici et rei publicae et templorum* 10, 3 (einige HS. fügen hinzu: „*et rei privatae*"); l. 7 C. 11, 62 (386), l. 33 C. Th. 5, 13 (393), l. 4 C. 11, 70 (395—401), l. 32 C. Th. 10, 10 (425), l. 6 C. Th. 11, 20 (430), l. 14 C. 11, 62 (491).

[2] tit. C.: *de loc. praed. civilium vel fiscalium sive templorum sive rei privatae vel dominicae* 11, 71. tit. C.: *de coll. fund. fiscal. vel rei privatae vel civitatum vel templorum* 11, 74.

[3] Eine Ausnahme bilden die kappadokischen Tempelgüter, falls diese wirklich in der *divina domus per Cappadociam* mit enthalten sind; siehe oben p. 29. — Eine Parallele zu den geschilderten Vorgängen bietet die Beraubung der französischen Stadtgemeinden durch Napoleon I. (Fournier, Napoleon, III, p. 113 f.) im Jahre 1813.

3. Zum Ressort des *Comes rei privatae* gehörten auch Webereien *(gynaecei)* in Trier, Arles und Viviers an der Rhone,[1] während die übrigen kaiserlichen Fabriken unter der Leitung des *Comes s. l.*, die Waffenfabriken nach der Notitia, unter dem *Magister officiorum* standen.[2]

Dazu kam nun noch eine Reihe außerordentlicher Einkünfte.

1. der Erlös verkaufter Staatsländereien.

2. Alles was von *bona vacantia*, *caduca* und *proscriptorum* an das *aerarium privatum* fiel: baares Geld und der Erlös verkaufter Immobilien oder Mobilien.

3. Auch Strafgelder fielen in dieser Zeit häufig an den Kronschatz.[3]

4. Der Thesaurus, der auf einer kaiserlichen Besitzung gefunden wird, kommt zur Hälfte dem Kronschatz zu gute.[4]

Nach dieser kleinen Abschweifung kehren wir wieder zu unserem eigentlichen Gegenstand, den Domänen, zurück.

Es ist natürlich nicht daran zu denken, daß die Kaiser alle die Grundstücke, die ihnen auf irgend welche Weise zugefallen waren, nun dauernd in ihrem Besitz behalten hätten. Oft wird man solche Güter bei der nächsten Gelegenheit wieder veräußert haben, besonders dann, wenn dieselben so klein oder so zerstückelt waren, daß die fiskalische Verwaltung erschwert worden wäre.[5]

Der Besitz der *res privata* an städtischen Gebäuden sollte, nach einer Constitution von 378, verkauft werden, soweit diese Gebäude sich nicht zu Palästen eigneten.[6] Es hatte sich gezeigt, daß sie von den kaiserlichen Verwaltern schlecht in Stand ge-

---

[1] Not. occ. c. XI. Über diese Fabriken vgl. K. BÜCHER, Die Diocletianische Taxordnung (Z. f. d. ges. Staatswiss. L. 1894), p. 209 ff.

[2] Wenn WIART, p. 1 n. 1 auch die Bergwerke und Salinen zur *res priv.* zählt, so widerspricht dies nicht nur der Not. or. c. XII, sondern auch den Inscriptionen von l. 1, 4, 12, 14, 15 C. Th. 10, 19.

[3] Z. B. Nov. 128. [4] l. 3 § 10 D. 49, 14 (Callistrat.). Cass. VI, 8.

[5] Über die Zulässigkeit und die Folgen der Veräußerung vgl. WIART, p. 99—103.

[6] l. 1 C. Th. 10, 2; vgl. l. 16 C. Th. 10, 10 (380), l. 2 C. Th. 10, 2 (398).

halten wurden, so daß der Fiskus mehr Schaden als Nutzen von ihrem Besitz hatte.

Größere Landgüter verkaufte man wohl nur in Zeiten der Not und auch dann hatte man in dem *ius privatum salvo canone* ein bequemes Mittel zur Verfügung, um eine einmalige größere Summe aus dem Grundstück herauszuschlagen, ohne doch dabei auf eine dauernde Nutzung ganz zu verzichten.[1]

Ein großer Teil der kaiserlichen Güter wird allezeit zu Schenkungen verwandt worden sein: ein hervorragendes Beispiel dafür bieten die Kirchenstiftungen Constantins.[2] In Zeiten der Not zog man solche geschenkten Ländereien zu einer außerordentlichen Steuer, der *collatio donatarum possessionum* heran.[3]

Die *bona vacantia*, *caduca* und *proscriptorum* wurden häufig sofort bei ihrem Anfall an die *res privata* schenkungsweise an *petitores* vergeben. Die *petitio* konnte auf ein einzelnes Grundstück *(petitio specialis)* oder auch auf die ganze Vermögensmasse *(petitio generalis)* gerichtet sein.[4] Auch städtische und Tempelgrundstücke wurden auf diese Weise vom Kaiser erbeten.

Diese *petitiones* waren nun aber eine sehr bedenkliche Einrichtung: sie züchteten ein abscheuliches Denunziantenwesen[5] und führten zu bedeutenden Krongutsverschleuderungen.[6] Obwohl das Verfahren bei der *petitio* vom Gesetz genau geregelt war, kamen doch die größten Unordnungen vor: man verschenkte Güter, auf die der Fiskus gar kein Recht hatte, störte die schon beliehenen in ihrem Besitz[7] oder schenkte wohl gar dasselbe Grundstück an zwei verschiedene Personen:[8] das Ende war eine allgemeine Rechtsunsicherheit, die es wohl begreiflich erscheinen läßt, wenn die Kaiser zuletzt gegen dieses Treiben gesetzlich vorgingen.

Schon Constantin verordnete, daß ein vom Fiskus occupiertes Gut erst nach Ablauf eines Jahres wieder veräußert werden

---

[1] Darüber siehe Abschnitt 9. [2] S. u. p. 45.

[3] tit. C. Th. 11, 28. [4] l. 12, 13 C. Th. 10, 10 (380).

[5] S. bes. tit. C. Th. de petit. 10, 10; tit. C. de delat. 10, 11.

[6] Vgl. l. 21 C. Th. 10, 10: *dum nimia largitate tenditur, publica commoditas neglegitur.*

[7] Z. B. l. 24 C. Th. 10, 10 (405).

[8] l. 5 C. Th. 10, 10 (340).

durfte, damit der Geschädigte Zeit haben sollte, sich zu beschweren.[1]

Von den *bona proscriptorum* insbesondere wurden später nur noch die Mobilien an *petitores* vergeben, die Grundstücke dagegen nebst den *mancipia rustica* behielt der Kaiser für sich.[2] Auch wurde die *petitio* von *bona damnatorum* erst zwei Jahre nach der Einziehung gestattet: auf diese Weise sollte der Sache das gehässige genommen und dem Beraubten zur etwaigen Wiedererlangung Zeit gelassen werden.[3] Endlich wurde die *petitio* des Vermögens von Hochverrätern[4] und zuletzt von *bona damnatorum* überhaupt untersagt.[5]

Von den *bona caduca* behielt, nach einem Gesetz von 395, der Fiskus das Gold und Silber, sowie die *praedia rustica* für sich: nur die *praedia urbana* und die Sklaven sollten verschenkt werden.[6] An diese Bestimmung scheint man sich jedoch kaum gehalten zu haben. Später erhielt der *petitor* die Hälfte des ganzen Vermögens.[7]

Eine occidentalische Constitution von 426 verbot die *petitio* überhaupt.[8] Im Ostreiche war sie 430 noch gestattet:[9] Theodosius II. hat sie dann 444 nochmals gänzlich untersagt.[10]

Für die Statistik der kaiserlichen Domänen in konstantinischer Zeit besitzen wir in der *Vita Silvestri* des *Liber pontificalis* eine wertvolle Quelle: sie zählt nämlich die Vergabungen auf, die Constantin an neugegründete Kirchen in Rom und dem übrigen Italien machte.[11] Nun stammt allerdings diese Biographie

---

[1] l. 1 C. Th. 10, 1 (315). [2] l. 4 C. Th. 10, 8 (346).

[3] l. 17 C. Th. 9, 42 (401 = l. 23 C. Th. 10, 10).

[4] l. 15 C. Th. 10, 10 (380): das Gesetz dürfte kaum innegehalten worden sein.

[5] l. 23 C. Th. 9, 42 (401).

[6] l. 2 C. Th. 10, 9: ebenso l. 21 C. Th. 10, 10 (396).

[7] l. 32 C. Th. 10, 10 (425).

[8] l. 23 C. Th. 10, 10: *petitorum vitia comprimimus, ipsum etiam nomen abolemus.*

[9] l. 34 eod.

[10] l. 2 Nov. Theod. 17. Spätere Gesetze enthalten keine Bestimmungen mehr über die *petitio*: das Gesstz des Theodosius scheint also gewirkt zu haben.

[11] Lib. pontif., ed. Duchesne, I p. 170—187.

in ihrer endgültigen Fassung aus einer viel späteren Zeit, aber ihrem Verfasser muß ein Verzeichnis der kaiserlichen Schenkungen vorgelegen haben, das seinerseits auf offiziellen Urkunden, wahrscheinlich auf den Stiftungsbriefen selbst beruhte.[1]

Leider ist bei den einzelnen Grundstücken nicht angegeben, welcher Klasse der Domänen sie angehörten, und nur in den wenigsten Fällen können wir dies erraten.[2]

Nach der *Vita Silvestri* verschenkt der Kaiser an die verschiedenen Kirchen zahlreiche Häuser und andere Gebäude in Rom, ferner Feldgrundstücke in der nächsten Umgebung der Stadt, alles Land im Umkreis der kaiserlichen Ziegelei *(„civitas" figlinas)* an der Via Salaria, nordöstlich von Rom; eine große Besitzung vor der Porta Sessoriana, die seiner Mutter Helena gehört hatte, u. s. w. Dann Grundstücke in ganz Latium umher: in den Stadtbezirken von Ostia, Laurentum, Ardea, Antium, Cora, Ferentinum,[3] Praeneste, Gabii und Tibur; besonders ausgedehnte Ländereien in Albanum, unter anderem die Baracken *(schenecae)* der früher dort stationierten zweiten parthischen Legion; auch einige Güter im Süden von Latium, in den Territorien von Caieta, Suessa und Minturnae. Außerhalb Latiums kommt hinzu: Landbesitz in den Stadtfluren von Veii, Nepet, Falisca in Etrurien, Tuder in Umbrien, Cures[4] und Trebula-Mutuesca in Sabinum, Carsioli im alten Äquerlande, Capua in Campanien. In Campanien besitzt der Kaiser auch das Vorgebirge von Misenum, in Etrurien den Mons Argentarius (Monte Argentaro), der einst der Kaiserin Matidia gehört hatte.

Und diese Liste enthält nur die kaiserlichen Schenkungen an einige Kirchen! Deshalb wird man wohl annehmen dürfen, daß der Kaiser in den sämtlichen italischen *civitates* begütert war. Aus der Angabe des Ertrags können wir auch den Umfang

---

[1] S. den Nachweis bei Duchesne, Einl. z. L. p. CI ff. Einen, freilich sehr ungenauen und fehlerhaften Auszug aus dem L. p. giebt Lécrivain, p. 39—41.

[2] Z. B. gehörte die *possessio cuiusdam Cyriacae religiosae feminae, quod fiscus occupavit tempore persecutionis* (p. 182) jedenfalls zur *res privata.*

[3] Vielleicht ist auch Ferentinum in Etrurien gemeint (Duchesne).

[4] *In territorio Sabino = Cures.*

der einzelnen Besitzungen ersehen. Die Schenkung umfaßte große Landcomplexe *(massae)*, die zuweilen mehr als tausend solidi Pacht abwarfen, aber auch einzelne *fundi*, darunter kleine Güter mit nur 20 sol. Pachtertrag.

Das Verzeichnis der kaiserlichen Schenkungen nennt weiter Ländereien in den Provinzen: in Sardinien, im Territorium von Catania und bei Panormus in Sizilien, auf den Inseln Gaulos (Gozzo bei Malta) und Cephallenia. Im Orient vergabte Constantin Wohnhäuser, Speicher, Bäder und Bäckereien in Antiochia, Landgüter in der Umgegend dieser Stadt und in den Territorien von Tyrus, Tarsus[1] und Cyrus in Euphratensis, im Stadtgebiet von Alexandrien und im übrigen Ägypten.[2]

Dazu kamen endlich noch ausgedehnte Besitzungen in der Landschaft, die auch jetzt noch die umfangreichsten Domänen enthielt, in Afrika: sieben Massae in den Territorien von Capsa in Byzacene und Mina in Mauretanien, sowie in einigen anderen, nicht sicher bestimmbaren Stadtgebieten dieser beiden Provinzen.

Die hervorragende Bedeutung der afrikanischen Domänen ist aus vielen kaiserlichen Constitutionen ersichtlich: was von dem Domänenbestand der früheren Zeit etwa abhanden gekommen war, wurde durch die Gildonischen Proscriptionen und die Donatistische Verfolgung reichlich wieder eingebracht.

Ländereien der *res privata* gab es wohl in allen Provinzen des Reiches: die Notitia Occ. nennt *rationales rei privatae* für alle Diöcesen des Occidents. Sie besaß Grundstücke in der Stadt Rom[3] und in Unteritalien, besonders in Apulien und Calabrien, wo sich die *saltus Carminianenses* befanden;[4] ferner in

---

[1] Die Schenkung eines tarsischen Grundstückes bedeutete eine besondere Aufmerksamkeit gegen die Basilica S. Pauli. Civitas Aegyptia scheint eine syrische Stadt zu bezeichnen, aber wir wissen nicht, welche.

[2] Die civitas Armenia, in der diese Grundstücke lagen, ist unbekannt.

[3] Not. occ. c. XI: *rationalis per Urbem Romam et Suburb. Regiones; procurator rei priv. per Urbem Romam;* l. 1 C. Th. 10, 24 (313).

[4] Not. c. XI: *proc. per urbicarias regiones rerum Juliani, proc. r. p. per Apuliam et Calabriam sive saltus Carminianensis,* h. Carmignano südl. v. Brindisi *„regio silvosa montibus paludibusque aspera"* (Bö. p. 386), also offenbar Weideland.

Oberitalien unter Valentinian I. und auch noch unter Honorius.[1] In Sizilien muß der Besitz der *res privata* zur Zeit der Abfassung der Notitia besonders beträchtlich gewesen sein, hier waren wohl noch viele Überreste des alten *Ager publicus*, vermehrt durch neue Erwerbungen.[2] Über die Krondomänen von Gallien, Spanien, Britannien wissen wir wenig; die *res privata* in den Provinzen Germania I und Maxima Sequanorum enthielt wahrscheinlich viele Güter, die durch die Barbareneinfälle wüst gelegt und herrenlos geworden waren.[3] Das Domanium der illyrischen Diöcese lag besonders in den Provinzen Savia und Dalmatia.[4] Die zahlreichsten und ausgedehntesten kaiserlichen Besitzungen lagen auch in dieser Periode noch in Afrika, Güter der *res privata* insbesondere befanden sich in Africa proconsul. und Mauretania Sitifensis.[5]

Weniger gut sind wir über den Güterbestand der *res privata* im Orient unterrichtet, doch wissen wir, daß es Krondomänen in beiden Präfekturen dieses Reichsteiles,[6] insbesondere in den Diöcesen Oriens,[7] Pontus und Asien[8] gab; ob die ägyptischen Domänen in der gleichen Ausdehnung wie in der früheren Zeit fortbestanden, läßt sich nicht feststellen, doch werden Ländereien der *res privata* in dieser Landschaft und besonders in der Gegend von Heliopolis auch jetzt noch erwähnt.[9]

Der *procurator rationis privatae,* der seit Severus an der Spitze der Krongutsverwaltung steht,[10] führt seit dem Ausgang

---

[1] l. 10 C. Th. 10, 1 (374), Not. occ. c. XI: *rationalis rer. priv. per Italiam* (d. h. *d. regiones annonariae*): *proc. per Italiam.*

[2] Darum ein bes. *rationalis rei priv. per Siciliam; proc. rei priv. per Sic.* Not. c. XI.

[3] Not. c. XI: *rat. rei priv. per Hispanias, per Gallias, per V provincias, praep. r. p. per Sequanicam et Germaniam I.*

[4] Not. c. XI. [5] l. 3 C. 11, 66 (376?) Not. c. XI.

[6] Nov. 147 (553) u. 148 (565/78).

[7] l. 33 C. Th. 12, 1 (342), l. 2 C. 11, 68 (67), Provinz Arabien Nov. 102 (536).

[8] l. 1 C. 1, 52 (439). Ed. Justin. VIII, c. 2.

[9] l. 1 C. 1, 66 (341). Ed. Justin. XIII (538/39).

[10] Vgl. zum folgenden Böcking, Not. occ. p. 374 ff. — Mommsen, de C. Caelii Saturnini titulo (Mem. dell' Inst. archeol. II, 1865 p. 295—332). —

des 3. Jahrhunderts den Titel *Magister rei privatae.*[1] Seit Constantin wird er *Rationalis rei privatae*[2] genannt, während früher der Titel *rationalis* nur für die Beamten des *fiscus* in Gebrauch gewesen war: in dieser Neuerung zeigt sich eine Annäherung des Krongutes an den Staatsschatz, die für die absolutische Tendenz jener Zeit charakteristisch ist.

Unter den Söhnen Constantins, etwa 340, tritt eine abermalige Veränderung des Titels ein: zur gleichen Zeit wird der Verwalter des Staatsschatzes, der *rationalis summae rei* zum *Comes Sacrarum Largitionum*, der *rationalis rei privatae* dagegen zum *Comes rei privatae* erhoben. 372 werden die beiden Finanzminister im Range über die Prokonsuln gestellt, bleiben aber noch *spectabiles.* Bald darauf, wahrscheinlich nach dem Tode des Theodosius I. (395), müssen beide in die höchste Rangklasse der *illustres* vorgerückt sein.[3]

Die Titel *Comes rei privatae* und *Comes rerum privatarum* halten sich in der Häufigkeit ihrer Anwendung die Wage; die Titelrubriken des Cod. Th. nennen den Beamten *Comes rei privatae,* die des Just. Cod. wie die Notitia *Comes rerum privatarum,* so daß dieses wohl der eigentlich officielle Titel gewesen sein dürfte. Daneben wird er *Comes aerarii privati, Comes privatarum remunerationum* oder *privatarum largitionum*[4] genannt; die Griechen nennen ihn *κόμης τῶν πριβάτων,*[5] *κόμης τῶν θείων πριβάτων,*[6] *κόμης τῆς*

Bethmann-Hollweg, III, p. 67—79. — Hirschfeld, p. 30 ff. — Karlowa, I, p. 841 ff. — Lécrivain, p. 95 ff. — Wiart, p. 26 ff., sowie d. Not. dign. bei Gothofred, ed. Lips. VI. 2 p. 191.

[1] C. J. L. VIII 822: *Mag(ister) r(ei)summae privatae,* Ed. Constantins de accusat. a. 314. (Hänel, corp. leg. p. 191): *Mag. privatae.* Euseb. hist. eccl. 8, 11: *τὰς καθόλου διοικήσεις τῆς παῤ αὐτοῖς καλουμένης μαγιστρότητος . . ἀμέμπτως διελθών.*

[2] Inschrift d. C. Caelius Saturninus a. 323—37, Mommsen a. a. O. p. 298 ff.: *rationali privatae.*

[3] 390 ist der *Comes r. p.* noch *spectabilis* l. 7 C. Th. 9, 27.

[4] l. 30 C. Th. 12, 1 (340), Cassiod. VIII, 13: *largitionum privatarum fasces.*

[5] Lyd. II 27. Nov. 128 c. 25.

[6] Inschr. von Mylasa bei Zachariae, Berl. SB 1879 p. 159. Weitere griech. Bezeichnungen bei Cujaz paratitl. zu c. 1, 33, insbes. aus Zosimos: *ὁ τῇ τῶν βασιλικῶν ταμιείων φροντίδι ἐφεστός* und *ὁ τῶν ἰδίᾳ τῷ βασιλεῖ ἀνηκόντων ταμιείων προβεβλημένος.*

ἰδικῆς περιουσίας etc.; im byzantinischen Reiche heißt er *λογοθέτης τῶν οἰκειακῶν*.

Der *Comes rei privatae* nimmt Teil an den Vorrechten der Senatoren, insbesondere derjenigen der ersten Rangklasse.[1] Er ist ständiges Mitglied des kaiserlichen Geheimen Rates *(consistorium).*[2] Der Kaiser gebraucht in der Anrede an ihn Formeln wie *sublimitas,*[3] *experientia,*[4] *praestantia,*[5] *sinceritas tua.*[6]

Der *Comes rei privatae* führt die oberste Aufsicht über die Verwaltung des Kronschatzes[7] und der Krondomänen; bis auf Anastasius sind auch die meisten *fundi patrimoniales*, bis auf Justinian ein großer Teil der *domus divinae* seiner Oberleitung unterstellt.[8] Man kann ihn also als „Finanzminister des Kronschatzes"[9] oder als „Minister der Domänen"[10] bezeichnen.

Insbesondere hat er die oberste Verfügungsgewalt über den Erwerb und die Veräußerung von Domanialgütern; er beaufsichtigt ihre Verwertung durch Selbstbewirtschaftung (Regie) oder Verpachtung.[11] Es steht ihm ferner eine gewisse Gerichtsbarkeit zu und zwar:

1. Über die Subalternbeamten seines Officiums *(palatini)*, wie sie auch andern hohen Würdenträgern zukommt: er zieht ihre Amtsüberschreitungen vor sein Gericht und ist gehalten in besonders schweren Fällen an den Kaiser zu berichten.[12] Auch im

---

[1] Vgl. Kuhn a. a. O. p. 174—226. [2] Karlowa, I, p. 848.

[3] l. 7 Th. 10, 10 (345), l. 2 Th. 10, 9 (395).

[4] l. 12 C. Th. 11, 16 (380). [5] l. 16 C. Th. 10, 10 (382).

[6] l. 41, 45 Th. 11, 30 (383, 385), l. 11, Th. 11, 7 (365).

[7] Cassidor Var. VI, 8: *per rationalium curam principum privatam substantiam gubernat.* VIII, 14 § 4: *aliis iudicibus provinciarum committatur exactio, aliis privati aerarii custodia delegetur;* Mommsen meint (Ostgoth. St. p. 414) es sei hier das *patrimonium principis* gemeint, ich sehe dafür keinen Grund.

[8] Darüber s. die beiden folgenden Abschnitte. [9] Böcking, p. 377.

[10] Mommsen a. a. O. und Serrigny cit. bei Wiart, p. 27; ein solches Domänenministerium findet sich noch heute in Rußland, während in den meisten übrigen Staaten die Domänen unter dem Landwirtschafts- oder dem Finanzministerium stehen.

[11] Cassiod. VI, 8: *habes quoque per provincias de perpetuario iure tributorum non minimam quantitatem, canonicarios diriges, possessores ammones.*

[12] Nov. Val. 7, 1 § 2 (440).

übrigen haben die Palatinen, die sich in der Hauptstadt befinden, ihren Gerichtsstand vor dem *Comes rei priv.*; nur in Prozessen wegen städtischer Grundstücke ist der *Praefectus Urbi* zuständig. Palatini, die sich ohne amtlichen Auftrag in der Provinz aufhalten, kann der Statthalter vor sein Gericht ziehen, jedoch muß er bei Strafsachen die Genehmigung des *Comes* einholen.[1]

2. In den Sachen der *res privata* wird dem *Comes rei privatae* von spätern Kaisern die Gerichtsbarkeit in zweiter Instanz zugewiesen.[2]

3. Nach einigen Gesetzen haben die Verwalter, Pächter und Colonen der Domänen ihren ordentlichen Gerichtsstand vor dem *rationalis* und in zweiter Instanz vor dem *Comes rei priv.*;[3] andere Constitutionen verpflichten sie dagegen vor dem ordentlichen Richter Recht zu nehmen. Zu allen Zeiten jedoch sind der *Comes* und der *rationalis rei privatae* competent gewesen, wo es sich um Verpflichtungen dieser Personen gegen den Fiskus handelte.[4]

4. Endlich ist in der spätesten Zeit, vielleicht erst unter König Theoderich, die Jurisdiktion des *Comes rei privatae* auch auf Gebiete erstreckt worden, die mit der Verwaltung des Krongutes nur sehr wenig zu thun hatten. Nach dem Bestellungsformular, das uns Cassiodor mitteilt,[5] richtet der *Comes* über Beschädigung und Beraubung von Grabdenkmälern und als „*unicus et continuus inquisitor*“ über verbotene Ehen. Diese Zuständigkeit gilt indessen nur für die Stadt Rom. GUTHERUS[6] meint, es handle sich nicht um die Bestrafung dieser Vergehen, sondern nur um die Vollstreckung der auf sie gelegten Vermögensstrafen, aber Cassiodors Worte widersprechen doch einer solchen Auffassung: das Formular führt aus, wie früher der *Comes* nur mit *famuli*, *homines extremis condicionibus inclinati* (d. h. mit den Sklaven und Colonen der Domänen) zu thun gehabt und kaum als Judex habe gelten können; jetzt aber sind ihm auch *actus urbani iurisdictio et discreta custodia contra nefarias libidines* übertragen, er ist *unicus et continuus inquisitor:* der *Comes* hat

---

[1] l. 12 C. 12, 23 (424/25). [2] Siehe unten p. 60.

[3] Siehe den letzten Abschnitt.

[4] *Debita, munera, pensiones* l. 6 C. Th. 11. 30 (429). [5] Cass. VI, 8.

[6] p. 763.

also eine wirkliche Gerichtsbarkeit über die genannten Vergehen, man hat es mit einer jener willkürlichen Competenzübertragungen zu thun, wie sie in jener Zeit nicht eben selten sind. Den Grund dieser Übertragung hat GUTHERUS richtig angegeben: er liegt in dem Interesse der *res privata* bei der Bestrafung dieser Vergehen: bei den *incestae nuptiae* gelten die Dos, sowie alle Zuwendungen des Mannes an die Frau oder die Kinder aus einer solchen Ehe, als *caduca* und fallen an den Fiscus,[1] und ein Gesetz des Constantins II verbietet Gegenstände von den Grabdenkmälern wegzunehmen: das Haus, in dem man solche Sachen findet, ist dem Fiskus verfallen.[2]

Wie die andern hohen Reichsbeamten, so hat auch der *Comes rei privatae* ein Officium unter sich.[3] An der Spitze des Officiums stehen nach der Not. dig.[4] zwei Direktoren; ein *primicerius* und ein *secundocerius officii;* dieser hatte insbesondere das Archiv *(chartae)* zu verwalten. Der *adiutor,* dem nach früheren Quellen die Führung der Matrikel des Officium oblag,[5] ist wohl mit dem späteren *secundocerius* identisch.

Das Officium des *res privata* zerfiel in eine Anzahl Bureaux *(scrinia),* von denen die Not. folgende aufzählt:

1. Das *scrinium beneficiorum,* dessen Obliegenheiten nicht ganz klar sind: wahrscheinlich befaßte es sich mit der außerordentlichen Abgabe *(collatio)* der *possessiones relevatae* und *donatae.*[6]

---

[1] Vgl. das Gesetz Gordians in KRÜGERS Ausg. des Codex p. 198 n. 8; l. 4 C. 5, 5, l. 3 C. Th. 3, 12 (396).

[2] l. 1 C. Th. de sep. viol. 9, 17; allerdings sieht man nicht recht ein, weshalb gerade die genannten Handlungen, nicht auch so viele andere Vergehen, die einen Anspruch der *Res privata* auf einzelne Grundstücke oder das ganze Vermögen oder auch nur auf Strafgelder begründeten, der Competenz des *Comes* überwiesen wurden.

[3] GOTHOFR. Notitia Com. rer. priv. VI, 2, p. 19f.; BÖCKING, I, 260; WIART, p. 28ff.

[4] Or. c. 13, Occ. c. 11. Der Plural *primicerii* l. 14 C. 12, 23 (438/39) bezeichnet wohl den *secundocerius* mit.

[5] l. 4 C. Th. 8, 8 (386), l. 16 C. Th. 6, 30 (399); auch l. 20 C. Th. 6, 30 (413) begegnet der *adiutor* wieder.

[6] BÖCKING, p. 260; das Vorhandensein eines bes. *scrinium* für diese Abgabe bezeugt l. 4 § 2 C. Th. 11, 20 (423).

2. Das *scrinium canonum* beschäftigte sich mit den Abgaben *(canones)* der verpachteten Domänen. Aus diesem Bureau wurden die *canonicarii* genommen, die in die Provinzen geschickt wurden, um die Erhebung der Pachtgelder zu überwachen.[1]

3. Das *scrinium securitatum* verwahrte Abschriften der Quittungen für Zahlungen an den Kronschatz, sowie auch die Empfangscheine von solchen, die etwas aus der *res privata* erhalten hatten.[2]

4. Das *scrinium largitionum privatarum* endlich verrechnete die Ausgaben der *Res privata*, vor allem die kaiserlichen Schenkungen.

Die kaiserlichen Constitutionen stimmen mit dem Bild der Not. nicht ganz überein: ein Gesetz von 438/39 kennt nur drei *scrinia*[3] ein früheres bringt dagegen durch Hinzufügung eines *scrinium exceptorum* ihre Zahl auf fünf.[4]

An der Spitze eines jeden *Scrinium* stand ein Bureauchef *(primiscrinius)*;[5] unter ihm befanden sich ein *proximus*[6] und eine Anzahl *scriniarii*. Unter den *Numerarii comitum illustrium virorum* der l. 16 C. Th. 6, 30 (399) sind wohl die Chefs der einzelnen *scrinia* zu verstehen; was die *actuarii* an dieser Stelle sollen, ist mir nicht klar.[7]

Zum Officium des *Comes rei privatae* gehören noch zwei Gruppen von Subalternen, die bald als *scrinia*, bald als *scholae* bezeichnet werden, die *exceptores* und die *mittendarii*. Jene waren Schreiber zur Führung von Protokollen und zur Anfertigung von Urkunden, wie es ihrer bei den meisten Officien gab.[8] Die *Mittendarii* kommen außer bei der *Res privata* und den *Sacrae*

---

[1] l. 9 C. 10, 9 (Anastasius); s. u. p. 57.

[2] tit. C. *de apoch. publ.* 10, 22, Cassiod. XI, 7. [3] l. 14 C. 12, 23.

[4] l. 5 C. Th. 6, 30 (383); *scrinium exceptorum* bei den *Sacrae Largitiones* l. 7 § 2 C. 12, 23 (384); l. 24 C. Th. 6, 30 (425) hat 4 *scrinia* wie die Not.

[5] Auch *primas* genannt l. 1 C. 12, 23; ungenau *primicerius* l. 24 C. Th. 6, 30 (425).

[6] l. 21 C. Th. 6, 30 (416).

[7] *Actuarius* bezeichnet sonst einen militärischen Subalternen, der die *annona* zu besorgen hatte, Bethmann-Hollweg, III, p. 148.

[8] Karlowa, I, 886; s. diese Seite n. 4.

Largitiones nur noch im *off.* des *Praef. P° Africae* (l. 1, 630, C. 1, 27) vor: es waren Beamte, die mit irgend einem Auftrag in die Provinzen geschickt wurden und etwa den kaiserlichen *agentes in rebus* entsprachen.[1] Aus ihrer *schola* wird man die *compulsores, opinatores* u. s. w. (nicht aber die *canonicarii*) genommen haben; auch der *princeps officii* des *Comes domorum per Cappadociam* gehörte den *Mittendarii* an.[2]

Die Officialen der beiden Finanzminister werden unter dem Namen *palatini* zusammengefaßt,[3] die der *Res privata* heißen *privatiani*,[4] doch scheint diese Bezeichnung sich auch auf die Subalternen der *rationales (Caesariani)* mit erstreckt zu haben. Die Zahl der *palatini rerum privata* wurde von Honorius auf 300 festgesetzt; dazu kam wohl noch eine Anzahl Anwärter *(supernumerarii)*.[5]

Die *palatini* des *Comes rei privatae* genossen ebenso wie die Officialen der andern hohen Reichsämter, die mannigfachsten Vorrechte.

Von ihrem privilegierten Gerichtsstand ist bereits die Rede gewesen. Der ehrenvoll entlassene Palatin war befreit von den *munera personalia*, sowie von den *munera extraordinaria* und *sordida*;[6] er war losgelöst von allen Pflichten, die die *origo* in einem bestimmten Ort oder Stand mit sich brachte[7] u. s. w. Diejenigen, welche höhere Stellen im Officium bekleidet hatten, erhielten nach ihrer Entlassung senatorischen Rang.[8]

---

[1] Sie zerfallen, wie jene, in *ducenarii* und *centenarii* l. 8. 9 C. Th. 6, 30 (385). *Scrinium Mittendariorum* l. 7 § 6 C. 12, 23. Karlowa, I, 288.

[2] l. 2 C. Th. 6, 30 (379).

[3] tit. *de palatinis* C. Th. 6, 30, C. 12, 23 (24), tit. C. Th. *de privileg. cor. qui in sacro palatio milit.* 6, 35. Not. or. c. 13, occ. c. 11. Im weiteren Sinne sind *palatini* auch die Officialen der kaiserlichen *Scrinia*, des *Sacrum Cubiculum* u. s. w., z. B. l. 1. 3 C. Th. 6, 35.

[4] l. 24 C. Th. 6, 30 (425). [5] l. 16 C. Th. 6, 30 (399); vgl. l. 17 eod. (399).

[6] *Munera personalia* und *sordida* l. 1. 4 C. Th. 6, 35 (314. 319); *extraordinaria* l. 10 cod. (380). Bei vielen Gesetzen dieses Titels ist es zweifelhaft, ob sie sich auf die Palatinen der *Res privata* beziehen.

[7] l. 14 C. Th. 6, 35 (423).

[8] l. 24 C. Th. 6, 30 (426): der *primicerius* und die vier *primiscrinii* werden den Exkonsularen *(clarissimi)* gleichgestellt; l. 14 C. 12, 23 (438/39)

Der *Comes rei privatae* verwaltete seinen Ressort durch eine ganze Hierarchie von Beamten. An ihrer Spitze, gleich nach dem *Comes rerum privata* selbst, nennt die Not. occ. den *Comes largitionum privatarum;* die Not. des Ostreiches kennt diesen Beamten nicht. Die herrschende Ansicht sieht in ihm den Verwalter der „Spenden und Geschenke", die aus dem Kronschatz flossen und meint, daß er dabei vom *scrinium largitionum* unterstützt worden sei.[1]

Die Quellen bieten für diese Vermutung keinen Anhalt: sie stützt sich lediglich auf den Titel.

Nun aber hatte das *scrinium largitionum privatarum*, wie alle andern *scrinia*, seinen eigenen *primiscrinius*. Aus dem Namen *Comes largitionum privatarum* darf man noch nicht schließen, daß dieser Beamte nur mit den *largitiones* oder, im allgemeinen, nur mit den Ausgaben der *res privata* zu thun gehabt hätte: wird doch der *Comes rerum privatarum* selbst zuweilen als *Comes largitionum privatarum* bezeichnet. Ich möchte daher den *Comes larg. priv.* der Not. ganz allgemein für den Stellvertreter des *Comes rei privatae* halten und ihn etwa als den Generaldirektor des Kronschatzes bezeichnen.

Die Provinzialverwaltung der *res privata* liegt in der konstantinischen Zeit in der Hand der *Magistri rei privatae*,[2] die später, ebenso wie die entsprechenden Beamten der *Sacrae Largitiones*, *rationales* genannt werden.[3] Zur Zeit des *Symmachus* gehören sie zur Rangklasse der *perfectissimi*, später werden sie *spectabiles* gewesen sein.

Die Notitie occ. zählt folgende *rationales* auf:

1. *rationalis rerum privatarum per Illyricum*,

---

erhalten dieselben Beamten den Rang von *tribuni militares praetoriani;* auch l. 8 C. Th. 6, 2 (383) „*quos palatinae honore militiae et stipendiis adprobatos .. senatorii ordinis societas advocaverit*" bezieht sich nur auf die höheren Stellen.

[1] So KARLOWA, I, 843. WIART, p. 31. PANCIROLUS sagt p. 144: *salaria aulicis quibusdam aliis solvebat.*

[2] l. 2. 4 C. Th. 10, 1 (319. 320), l. 14 C. Th. 12, 1 (326).

[3] Z. B. l. 3 C. Th. 10, 4 (355?), l. 20 C. Th. 5, 13 (366 = l. 4 C. 11, 65). Ob der *Magister rei privatae* der lex un. C. 1, 52 (439) ein solcher *rationalis* ist, läßt sich nicht entscheiden.

2. *rat. rer. privat. per Italiam,*
3. *rat. rei privatae per Urbem Romam et suburbicarias regiones,*
4. *rat. rei priv. per Siciliam,*
5. *rat. rei priv. per Africam,*
6. *rat. rei priv, per Hispanias,*
7. *rat. rei priv. per Gallias,*
8. *rat. rei priv. per V provincias* (d. h. die südlichen Provinzen Galliens).
9. *rat. rei priv. per Britannias.*

Diese Verwaltungssprengel entsprechen genau der Diöcesaneinteilung. Italien galt als eine Diöcese, hatte aber zwei Vikare, je einen für Italia im engern Sinne (Oberitalien) und für die Stadt Rom mit den *urbicariae regiones:* auch hier fallen also die Amtsbezirke der *Rationales* und der Vikare zusammen. Eine Ausnahme bildet Sicilien, das zur *urbicaria regio* gehörte. Hier waren das Domanium, seit dem Beginn der römischen Herrschaft, so bedeutend, daß man sich veranlaßt sah, einen besonderen sicilianischen *rat. rei priv.* einzusetzen.

Die *Rationales* sind, wie schon der Name sagt, vor allem Beamte für das Rechnungswesen. Sie werden die Register geführt haben, in denen die einzelnen Domanialgüter mit ihrem Inventar und ihrem Ertrag genau verzeichnet standen. Wenn der *res privata* neuer Besitz zugefallen war, so besorgte sie die Einziehung *(incorporatio)*; auch über die Einnahmen von den Domänen ihres Sprengels werden die *Rationales* Buch geführt haben.

Bei der Erhebung der Domänenpachtgelder[1] muß man unterscheiden zwischen dem Betreiben des Schuldners *(exigere, compellere, convenire)*[2] und der eigentlichen Einnahme der Gefälle *(suscipere).*[3] Letztere Thätigkeit lag in dieser ganzen Periode den Provinzialstatthaltern ob, wie überhaupt die Befugnisse der öffentlichen und der kaiserlichen Hausbeamten sich bei der Domänenverwaltung mannigfach durchkreuzen. Dagegen hat hinsichtlich

---

[1] Karlowa, I, 844, 884, 907. Wiart, p. 32f., 34f.

[2] Alle drei Ausdrücke l. 12 C. Th. 11, 7.

[3] Die *susceptores* werden ihren ständigen Sitz in den Städten oder *Mansiones* gehabt haben, während die *exactores* auf den einzelnen Besitzungen umherzogen. Vgl. l. 21 pr. C. Th. 12, 6 (386 = l. 9 c. 10, 72).

der *exactio* die Gesetzgebung häufig gewechselt. Zuerst stand das Betreibungsrecht den *Iudices ordinarii* zu. Da es sich aber zeigte, daß die Pächter und Colonen der kaiserlichen Güter unter der *exactio* durch den Statthalter litten, so entzog ein Gesetz von 365[1] den Präsiden dieses Recht und übertrug es den *Rationales* und *procuratores* der *Res priv.* Diese Bestimmung wurde im Laufe der Zeit mehrere Male abgeschafft und wieder eingeführt, bis endlich mit dem Beginn des 5. Jahrhunderts die *exactio* dauernd den Iudices zurückgegeben wurde:[2] dieser Zustand ergiebt sich auch aus den Bestimmungen des Codex Just.

Allerdings geschieht diese *exactio* durch die Statthalter unter der Aufsicht des *Comes rei privatae* und seiner Beamten: und genau ebenso wird der Präses bei der Erhebung der Steuern durch den Comes S. L. controlliert: Alljährlich erscheinen zu diesem Zwecke *palatini,* die später den Namen *canonicarii* führen in den Provinzen,[3] und wenn die Erhebung der Pachtgelder und Steuern nicht zur rechten Zeit vollendet ist, so mahnen *compulsores,* ebenfalls aus den Officien der Comites R. p. und S. L. den Statthalter an seine Pflicht.[4]

Diese Controllbeamten — die *compulsores* hat Justinian 545 (Nov. 128 c. 6) abgeschafft — scheinen mit der Zeit eine immer größere Bedeutung gewonnen zu haben: sie beaufsichtigen die Erhebung der Abgaben, sie prüfen vielleicht auch die Rechnungen der Provinzialbureaux: in den Briefen Cassiodors erscheinen sie als die eigentliche Steuerbehörde der Provinz.[5]

---

[1] Nicht erst von 389, wie WIART p. 32 n. 1 angiebt, l. 11 C. Th. 11, 7.

[2] l. 3 C. Th. 5, 13 (389), l. 5 C. Th. 8, 8 (395), l. 6 C. Th. eod. (395 = l. 1 C. 12, 60), l. 1 C. Th. 1, 11 (397 = l. 2 C. 1, 33), l. 6 C. 10, 19 (398), l. 2 C. Th. 1, 11 (398), l. 3 C. Th. 12, 9 (399 = l. 3 C. 10, 75 = l. 5 § 1 C. 11, 65), l. 13 C. Th. 1, 5 (400), l. 17 C. Th. 11, 7 (408 = l. 2 C. 10, 23), l. 21 C. Th. 11, 7 (412). Nov. Major. 7 § 16 (458); *exactio* durch den *Comes Orientis* l. 7 C. Th. 1, 13 (394).

[3] l. 17 C. Th. 11, 7 (408); Nov. Major. 2 § 2 (458); l. 9 C. 10, 19 (468). Von den *canonicarii* der *res privata* spricht Cassiod. VI, 8. Vgl. CUIAZ, Observ. III, c. 14 u. zu l. 9 cit. u. Nov. 128.

[4] l. 7 C. Th. 8, 8 (395); l. 13 C. Th. 1, 5 (400 = l. 2 C. 11, 74); l. 1 Nov. Val. 7 (440) u. ö. Eine ähnliche Aufgabe haben die *opinatores* l. 16 C. Th. 11, 7 (401), l. 34 C. Th. 10, 1 (429) u. ö.

[5] Z. B. XI, 38; XII, 4.

Die eigentliche Einnahmestelle für die Domänenpachtgelder befand sich jederzeit beim Provinzialstatthalter.[1] Vielleicht gab es auch für die Gefälle der *res privata*, ebenso wie für die Steuer, lokale Einnehmer in den einzelnen Städten. In der Provinzialhauptstadt befand sich ein besonderes Rechnungsbureau *(scrinium)* für die Einkünfte der *res privata.*[2] An der Spitze stand ein *numerarius*, später *tabularius* genannt;[3] unter ihm wahrscheinlich ein *adiutor*, ein *chartularius* für die Führung der Register und die Aufbewahrung der Urkunden, sowie einige *scriniarii.*[4] Der provinzialen Domänenkasse war ein Einnehmer, *susceptor* oder *arcarius*[5] vorgesetzt, der wohl lediglich die Gelder der lokalen *susceptores* in Empfang zu nehmen hatte.

Der *numerarius* oder *tabularius* der Provinz heißt später *tractator*, *τρακτευτής*[6] und scheint zuweilen nicht nur die Rechnungsführung, sondern auch das Geschäft des Einnehmens mit besorgt zu haben. Seine Untergebenen, die *scriniarii*, führen später den Titel *numerarii.*[7]

Was mit den Domänenpachtgeldern, die der *arcarius* eingenommen hatte, weiter geschah, wissen wir nicht genau. Man sollte zunächst denken, sie seien dem *rationalis* der Diöcese ab-

---

[1] Wiart, p. 34f.; a. A. Karlowa, I, 844; l. 20 C. Th. 5, 13 (366 = l. 4 C. 11, 65) zahlen allerdings die Pächter der *fundi patrimoniales* und *emphyteutici* an das *officium* des *rationalis* und erhalten von ihm die *securitas*. Vgl. auch l. 5 C. Th. 5, 14 (399).

[2] l. 12 C. Th. 8, 1 (382 = l. 4 C. 12, 49); l. 30 C. Th. 12, 6 (408 = l. 13 C. 10, 72).

[3] l. 9 C. Th. 8, 1 (365); die Quittungen stellt nach l. 2 C. Th. 12, 6 (325) der *tabularius*, später dagegen der *susceptor* oder *arcarius* aus (l. 32 C. Th. 12, 6 a. 429).

[4] Dies war nach l. 10 § 2 C. 12, 49 (485/86) die Einrichtung des Rechnungsbureaus der Diöcese. Daß es auch im *Officium* des *Praeses* einen *chartularius* gab, der offenbar zum *scrinium* des *numerarius* gehörte, zeigt l. 3 pr. C. 10, 23 (468).

[5] Gothofr. weist nach, däß der *susceptor* für die *res privata* den Titel *arcarius* führte (zu l. 14 C. Th. 12, 6; vgl. l. 32 eod. l. 3 § 3 C. 10, 23 und l. 11 C. Th. 10, 1).

[6] l. 10 C. 12, 49 (485/86), l. 13 eod. l. 6 C. 12, 60. Nov. 157 c. 2. Ed. Just. IV. Cuiaz (zu l. 3 C. 10, 23) hält den *tractator* für identisch mit dem *chartularius*, ebenso Gothofr. zu l. 1 Nov. Th. 5.

[7] Dies scheint mir aus l. 13 C. 12, 49 hervorzugehen.

geliefert worden, aber von einer Kasse des *rationalis* ist nirgends die Rede.[1] Für die *Sacrae Largitiones* gab es ein Rechnungsamt[2] und eine Einnahmestelle[3] in der Diöcesanhauptstadt, und es ist wahrscheinlich, daß der Ertrag der Steuern vom Statthalter dorthin geschickt wurde. Ob wir von den Domänengeldern das gleiche annehmen dürfen, muß ich dahin gestellt sein lassen. Wahrscheinlich wurden sie von der Kasse des Statthalters sofort an die Centralkasse der *Res privata*[4] oder an die *thesauri* der einzelnen Reichsteile[5] abgeführt.

Außerdem aber hatten die *rationales* auch richterliche Functionen:

1. Sie haben die Gerichtsbarkeit über die Subalternen ihres Officiums. In Strafsachen[6] war dagegen der *Judex ordinarius* zuständig, wahrscheinlich mit Anzeigepflicht an den *rationalis* und *Comes*.

2. Von der Gerichtsbarkeit über die Pächter und Colonen der kaiserlichen Güter wird im letzten Abschnitt die Rede sein.

Der *rationalis rei privatae* hat auch die Jurisdiktion in Prozessen, wo die *res privata* als Partei auftritt. Die *rationales* des Fiscus[7] übten, wie die alten *procuratores Caesaris*, diese Befugnis von jeher aus, die *rationalis rei privatae* erlangten sie erst sehr spät: das erste Zeugnis, daß wir von einer fiskalischen Jurisdiktion dieser Beamten haben, ist von 383.[8]

Vorher unterstanden diese Sachen der Competenz des *Judex ordinarius*, der indessen in Gegenwart des *rationalis* das Urteil

---

[1] Wiart a. a. O. [2] l. 10 C. 12, 49 (485/86), l. 13 eod.

[3] l. 17 C. Th. 12, 6 (383): die *susceptores* der Diöcese führen das Geld an die *sacri thesauri* ab; vgl. l. 13 C. 12, 49.

[4] l. 32 § 1 C. Th 12, 6 (429): *quicquid ex provinciis ad nostrum dirigetur aerarium.*

[5] S. o. n. 3.

[6] l. 10 C. 3, 26: *nullum ex officio rationalis .. in alio iudicio adduci oportet, nisi forte cuiuspiam caput accusatio legibus instituta pulsaverit.*

[7] l. 5 C. 3, 26 (315), l. 18 C. Th. 11, 30 (329) beziehen sich auf diese *rationales.*

[8] l. 41 C. Th. 11, 30; es folgt dann der Fall des Symmachus (s. u.) und l. 45 Th. 11, 30 (385); noch 367—384 (l. 4 Th. 10, 15) treten die Vicare und Provinzialstatthalter in Sachen der r. p. als Richter auf; ebenso l. 5 C. Th. 2, 1 (365) der Judex.

fällte. Gegen das Urteil des *rationalis* konnte Berufung eingelegt werden, und zwar beim ordentlichen Gericht zweiter Instanz, also bei dem Präf. P° oder Präf. Urbi, bei einem Vikar oder Proconsul:[1] in dritter Instanz ging die Sache an den Kaiser, der *Comes rei privatae* hatte nur die Untersuchung *(instructio)* zu führen und dem Kaiser darüber Mitteilung zu machen. Dieser Zustand dauerte indessen nicht lange: ein neues Gesetz[2] bestimmte, daß von der Entscheidung des *rationalis* an den *Comes rei privatae* appelliert werden sollte; dieser konnte jedoch geringfügige Sachen und Prozesse in entfernten Gegenden dem Iudex der Provinz überweisen: darin lag also eine wesentliche Erweiterung der Competenz des *Comes*, dem nun statt bloßer *instructio* die Urteilsfällung in zweiter Instanz übertragen war. Für die Stadt Rom[3] wurde 389 verordnet, daß nur Sachen von 200 Pfd. Silber Wert und darüber in zweiter Instanz vor den *Comes rei privatae* kommen sollten, geringere Sachen sollte der *Praef. Urbi vice sacra* richten.

Wir sehen wie die Bestimmungen über diesen Gegenstand binnen weniger Jahre dreimal gewechselt haben: das unruhige Hin- und Hertasten, das ja für die Gesetzgebung jener Zeit so charakteristisch ist, zeigt sich auch hier. Das Jahr 429 brachte wieder eine neue Verordnung für den Proconsul von Afrika:[4] die Appellation vom Gericht des *rationalis rei privatae* sollte an den Proconsul gehen, außer in den Processen um *competitiones* und *pensiones:* hier urteilte wohl nach wie vor der *Comes rp.*

Das Gesetz galt wohl für alle afrikanischen Provinzen, außer Mauretania Tingitana, das damals zur Diöcese Spanien gehörte. Dem Proconsul von Afrika wird man wohl die übrigen *Iudices spectabiles* gleichgestellt haben. Dabei ist es dann geblieben.

Wenn zuweilen die Appellation *contra utilitatem rei privatae*

---

[1] l. 41 Th. 11, 30 (383); ebenso Sym. ep. X, 41: der *rationalis rei privatae* urteilt in erster Instanz, in zweiter Symmachus als p. u. *vice sacra*, in letzter Instanz maßt sich der *Comes r. p.* statt d. Kaisers das Urteil an und delegiert seinerseits die Sache an denselben *rationalis*, der in erster Instanz entschieden hatte: Sym. beschwert sich über diesen Rechtsbruch. Ungenaue Darstellung des Vorgangs bei LÉCRIVAIN, p. 100.

[2] l. 45 Th. 11, 30 und l. 29 Th. 11, 36 (385); vgl. auch Symm. ep. V, 63.

[3] l. 49 Th. 11, 30. [4] l. 68 C. Th 11, 30.

gänzlich untersagt wird,[1] so bezieht sich das wohl nur auf chikanöse Appellation,[2] insbesondere Appellation vor der Urteilsfällung.[3]

Das *Officium* des *rationalis rei privatae*[4] ist uns bereits begegnet: die Beamten desselben heißen *Caesariani*[5] oder *Catholiciani*.[6] Der Name *Caesariani* bezeichnet sie als die Gehilfen des alten *procurator Caesaris*, doch werden in unserer Periode nur die Subalternen der *rationales rei privatae*, nicht die entsprechenden Beamten der *Sacrae Largitiones Caesariani* genannt. Als die vornehmste Aufgabe der *Caesariani* erscheint in den Quellen die Mitwirkung bei der *Incorporatio* der dem Fiskus zufallenden Güter.[7] Diese Thätigkeit gab ihnen zu allerlei Übergriffen Gelegenheit, so daß das Amt der *Caesariani* bald allgemein berüchtigt war und die Kaiser mit strengen Verfügungen gegen sie vorgehen mußten. Einige *Caesariani* hatten die *chartae* des Officiums zu verwalten:[8] sie werden insbesondere die schriftlichen Domänenpachtverträge angefertigt und aufbewahrt haben. Andere hatten wohl die Verzeichnisse der verpachteten Güter und ihrer Abgaben zu führen, und in den Zeiten, wo die *exactio* der Pachtgelder dem *rationalis* zustand, wird er sie ebenfalls durch seine *Caesariani* ausgeführt haben.[9]

Nach den *rationales* zählt die Notitia Occ. eine Anzahl von *procuratores* auf. Es sind zum Teil Domänenbeamte für eine einzelne Provinz, nämlich:

1. Der *procurator rei privatae per Saviam.*
2. Der *p. r. p. per Dalmatiam.*

---

[1] So l. 9 C. Th. 11, 36 (353).

[2] *Frustratoria appellatio* l. 9. 32 C.Th. 11, 36 (353. 396); auch l. 1 eod. (313/14).

[3] l. 29 eod. (385).

[4] Z. B. l. 20 C. Th. 5, 13 (366), l. 7 C. Th. 9, 42 (369), l. 6 C. 10, 19 (398).

[5] Zuerst bei Cyprian (ep. 80, Hänel, Corp. p. 167) anläßlich der Christenverfolgung Valerians von 258, dann l. 5 C. 10, 1 (288—305). Über das Amt vgl. tit. C. Th. de Caesar. 10, 7; Gothofr. *paratitl.* u. Gutherus a. a. O. p. 814.

[6] l. 9 C. 9, 48 (396).

[7] S. oben n. 5; Edikt Constantins 314 (Hänel, Corp. p. 191) l. 2 C. Th. 10, 1 (319), l. 5 C. Th. 10, 1 (326).

[8] l. 10 C. 3, 26 (385): *nullum ex officio rationalis qui exactioni vel chartis inserviat* . .

[9] S. vorige Note.

3. Der *p. r. p. per Apuliam et Calabriam sive saltus Carminianensis.*[1]

4. Der *p. r. p. per Mauretaniam Sitifensem.*

Daneben finden wir einen Beamten für zwei Provinzen:

5. Den *praepositus per Sequanicam et Germaniam primam.*

Es erhebt sich nun die Frage, warum werden nur diese Provinzen genannt, nicht auch die anderen, von den gallischen nur zwei, von den afrikanischen eine, von den spanischen und britannischen gar keine?

Wenn man nicht annehmen will, daß die Angaben der Notitia unvollständig seien, so ist auf unsere Frage eine doppelte Antwort möglich.

Einmal kann man die *procuratores* der Notitia für Untergebene der *rationales* halten und muß dann zum Schlusse kommen, daß die Domänen der übrigen Provinzen direkt unter dem *rationalis* der Diöcese standen. Dieser Ansicht wäre beizupflichten, wenn diese Prokuratoren in den Provinzen mit besonders ausgedehntem Domänenbestand vorkämen. Nun aber fehlt gerade in den afrikanischen Provinzen, Africa proconsularis, Byzacene, Numidia, die nachgewiesenermaßen die bedeutendsten Domänen umfaßten, eine solche Mittelbehörde zwischen dem *rationalis* und dem Verwalter des einzelnen *saltus.* Und das ist um so auffallender, als die frühere Periode in den afrikanischen *procuratores tractus* Domänenbeamte mit kleinerem Verwaltungsgebiet, als das des *rationalis* ist, kannte. Man wäre daher gezwungen, hier an eine Vergrößerung der Bezirke zu denken, was mit der Tendenz der diocletianisch-constantinischen Monarchie im schärfsten Widerspruch stände.

Wir müssen daher eine andere Antwort auf die gestellte Frage suchen und diese lautet: die Notitia nennt nur diejenigen Provinzialprokuratoren, welche direkt *sub dispositione* des *Comes rei privatae* standen. Solche Anomalien kamen in der römischen Verwaltung zu allen Zeiten häufig vor. Allerdings ergiebt sich auch bei dieser Ansicht eine Schwierigkeit. Unter den *rationales* der Notitia fanden wir einen *rationalis per Siciliam*, einen *ratio-*

[1] Apulien und Calabrien gelten als eine Provinz und stehen unter einem Corrector.

nalis per Italiam und einen *rationalis per Urbem Romam et suburbicarias regiones.* Nun nennt aber die Notitia weiter einen *procurator per Siciliam*, einen *per Italiam*, einen *per Urbem Romam* und einen *per urbicarias regiones rerum Iuliani.* Der Titel des zuletzt genannten erklärt sich leicht, wenn man den Nachdruck auf *rerum Iuliani* legt: es handelt sich um einen besonderen *procurator* für die *Res Iuliani.*[1] Um die drei andern der genannten Prokuratoren zu erklären, wird nichts übrig bleiben, als die Annahme, daß ein Teil der kaiserlichen Güter[2] in Rom, Oberitalien und Sicilien von der Aufsicht der *rationales* eximiert und, ebenso wie die Domänen von Apulien und Calabrien, besondern Prokuratoren unterstellt waren. Außer diesen Prokuratoren, die neben den *rationales* stehen, wird es dann noch andere gegeben haben, die unter den Diöcesenbeamten standen, es sind die alten *procuratores regionis* oder *tractus* der einzelnen Provinzen.

Die Namen *tractus* und *regio* werden zur Bezeichnung von Domänenbezirken nicht mehr gebraucht: *tractus* ist jetzt entweder die Diöcese (auch *regio* kommt in dieser Bedeutung vor) oder ganz allgemein die Gegend.

Wiederum eine Stufe tiefer als die Provinzialprokuratoren stehen die kaiserlichen Prokuratoren der einzelnen Domänen, die alten *procuratores saltus.*[3] Sie werden in den Quellen häufig erwähnt und wir könnten uns ein ziemlich deutliches Bild von ihrer Stellung machen, wenn wir immer genau wüßten, ob der Prokurator eines einzelnen Gutes oder der eines ganzen Bezirkes gemeint ist.

Ein Prokurator befand sich wohl auf jedem größeren Gut; in Italien, wo der Domanialbesitz auch viele mittlere und kleinere Grundstücke umfaßte, wird ein Prokurator zuweilen mehrere Güter verwaltet haben. Die *procuratores saltuum*, die die Not. or. c. XIII hinter den *rationales rei privatae* und den *praepositi gre-*

---

[1] Über diese Bezeichnung s. u. p. 66.

[2] Es wäre wohl eine allzu kühne Vermutung, hierbei an die italischen *fundi patrimoniales* zu denken, die sehr bedeutend gewesen sein müssen, aber in der Notitia nicht vorkommen.

[3] Vgl. Schulten, p. 75—82.

gum et stabulorum aufführt, sind vielleicht Intendanten von Gütern, die direkt unter dem *Comes rei privatae* standen.[1]

Die kaiserlichen Gutsverwalter heißen *procuratores domorum nostrarum, procuratores possessionum nostrarum,*[2] vieldeutiger sind die Bezeichnungen *procuratores rei privatae, rei dominicae* oder *domus nostrae;* ganz allgemein ist *administratores nostri.*[3] Mit *homines nostri* werden die Domänenbeamten überhaupt bezeichnet, einmal sogar mit Einschluß des *Conductor.*[4] Die späteren Quellen gebrauchen für den Gutsverwalter den Ausdruck *vicedominus;*[5] an einer Stelle (l. 1 C. 11, 74) findet sich dafür *rationalis.*[6] Die griechischen Namen unserer Beamten sind ἐπίτροπος, προνοητής oder auch προεστώς τῆς ϑείας οἰκίας.[7]

---

[1] Vielleicht sind mit diesen orientalischen *saltus* die *fundi saltuenses* der Kaisergesetze gemeint, die zu d. *fundi patrimoniales,* nicht zur *res privata* im engeren Sinn gehörten. [2] l. 13 C. Th. 16, 10, l. 7 C. Th. 1, 32.

[3] l. 2. C. Th. 1, 32. [4] l. 1 C. Th. 10, 26, l. 52 C. Th. 16, 5.

[5] Nur v. d. privaten Gutsverwaltern: Ed. Theodor. c. 155; Cass. V, 14.

[6] Schulten, p. 78 hält den *rationalis* in l. 3 C. Th. 10, 4 für einen Gutsprocurator, wohl mit Unrecht! vgl. l. 8 C. 3, 26: *rationalis vel procurator domus nostrae.* Daß der Procurator der einzelnen Domänen *rationalis* genannt wurde, wäre an sich denkbar, läßt sich aber nicht nachweisen, außer in l. 1 cit. Diese Stelle wirft ein interessantes Licht auf die Oberflächlichkeit der Compilatoren. l. 2 C. Th. 1, 11 (398) lautet: *Divae Mem. Valentiniano iuniori subreptum est ut ordinariorum iudicum officiis actores seu conductores dominicos conveniendi licentia negaretur et idcirco ad rationales privatae rei exigendorum fiscalium debitorum ex illo tempore cura translata est . . . . Quod ne deinceps fiat hac sanctione prohibemus.* Dieses Gesetz hebt also die Bestimmung Valentinians II. auf und giebt den *Judices* die *exactio* der Domanialgelder zurück.

Daraus macht l. 1 C. 11, 74 folgenden Satz: *Ordinariorum iudicum officiis nec non et ipsis rectoribus provinciarum actores seu conductores dominicos conveniendi licentiam damus, ita tamen ut rationalibus privatae rei ad exigenda fiscalia debita immineant* Die Compilatoren haben also das von Honorius citierte Gesetz Valentinians II. ohne die Aufhebungsclausel des Honorius in den Cod. übernommen; da es aber nicht mehr in ihre Zeit paßte (denn die *Exactio* stand damals den *Judices* zu), mußten sie das „*negaretur*" in „*damus*" ändern. Nun wußten sie aber mit den nachher genannten *rationales* nichts anzufangen und machten diese zu Werkzeugen des *rector provinciae,* was nur dann einen Sinn giebt, wenn man *rationalis* auf den Verwalter des einzelnen Gutes bezieht.

[7] Z. B. Nov. 30; Nov. Tiber. c. 1, 2, 3, 5.

Der Prokurator einer Domäne ist jetzt in der Regel ein Freier;[1] dazu paßt die Bestimmung, daß er für getreue Amtsführung Bürgen stellen muß, bei Freigelassenen oder Sklaven wäre dies überflüssig.[2]

Die Prokuratoren werden vom Officium des Provinzialstatthalters und auf dessen Gefahr hin ernannt; vielleicht nahm man sie mit Vorliebe aus den Subalternen dieses Officiums.[3] Die *procuratores perfectissimatus honore donati* l. 6 C. Th. 1, 33 (387) sind schwerlich Verwalter einer einzelnen Domäne, sondern für einen größeren Bezirk eingesetzt.[4]

Der Prokurator repräsentiert bei der Verwaltung des Gutes den Kaiser: er führt also die Aufsicht über den Actor der in Regie genommenen Domäne. Wo das Gut in Pacht gegeben ist, steht er dem Conductor zur Seite und controlliert ihn. Auch vor Gericht nimmt er die Interessen des Gutes wahr; mit seinen quasimagistratischen Befugnissen werden wir uns noch zu beschäftigen haben. Nicht ganz klar ist seine Stellung zu den *exactores* und *susceptores* der *res privata*, doch scheint es, daß diese sich direkt an den Domänenpächter hielten und der Prokurator ihnen bei der Erhebung der Pachtgelder nur seine Hilfe zu leihen hatte.[5]

Comes rei privatae, rationalis, Provinzialprokurator, Intendant des einzelnen Gutes bilden die hierarchische Stufenfolge der ordentlichen Domänenverwaltung. Einzelne Vermögensmassen nehmen jedoch innerhalb der *res privata* eine Sonderstellung ein und stehen unter besonderen Beamten, die wir aus der Not. occ. c. XI kennen.

1) Die ungeheuern Besitzungen des aufrührerischen *Magister militiae* Gildo in Afrika fielen nach dessen Ächtung und Tod (398) an den Staat und wurden zunächst einem außerordentlichen Beamten vom Rang der *illustres*, dem *Comes sacri patrimonii* oder *Comes*

[1] l. 1 C. Th. 1, 32, l. 1 C. Th. 10, 26. [2] l. 2 C. Th. 1, 32.

[3] l. 2 C. Th. 1, 32 (welches *Officium* gemeint ist, ist nicht sicher), l. 1 C. Th. 10, 26.

[4] Sym. ep. 10, 41 (384) ist der *rationalis* bloß *perfectissimus.*

[5] l. 2 C. Th. 1, 11 vgl. mit l. 1 C. 11, 74.

et procurator divinae domus übertragen.[1] Im Jahre 405 kamen noch die Güter der Mitschuldigen Gildos hinzu und bald darauf muß diese ganze Vermögensmasse einem Beamten von weniger hoher Stellung anvertraut worden sein, der in der Not. occ. als *Comes Gildoniaci patrimonii* dem *Comes rei privatae* untergeordnet ist.

2. Die Notitia occ. nennt ferner einen *rationalis per Urbem Romam et suburbicarias regiones cum parte Faustinae*: man nimmt an, daß es sich hier um das Vermögen des Antoninus Pius handelt, das er seiner Tochter Faustina schenkte und das nach deren Tode an den *fiscus* fiel.[2]

3. Endlich treffen wir in der Notitia noch einen *procurator rei privatae per urbicarias regiones rerum Iuliani.* Böcking[3] hat in den *res Iuliani* die alten Tempelgüter verstehen wollen, die Julian den Tempeln zurückgab und Valentinian I. wieder zum Krongut zog. Ich sehe nicht recht ein, wie man die Güter, die Julian den Tempeln zurückerstattete, *res Iuliani* nennen sollte. Vielmehr möchte ich glauben, daß es sich um das Vermögen des Kaisers Didius Julianus handelt; Didius Julianus war sehr reich, und es ist wohl möglich, daß sein Privatvermögen aus irgend einem Grunde an den Staat fiel.[4]

Nicht eigentlich zu den Beamten der *res privata* gehören die Kronanwälte *(advocati fisci)*, die wir schon in der vorigen Periode kennen gelernt haben und denen auch jetzt noch die Wahrnehmung der Interessen des *fiscus* im weiteren Sinne obliegt.[5] Sie heißen auch *patroni*[6] oder *defensores fisci*,[7] doch scheint *advocatus fisci* nach wie vor der offizielle Titel gewesen zu sein.

---

[1] l. 16 C. Th. 9, 42. C. J. L. VI, 1727. Vgl. Gothofr. zu l. 7 C. Th. 7, 8. Böcking, II, 380. Hirschfeld, p. 48 n. 1. Mommsen, N. A. XIV, p. 464 n. 3.

[2] Böcking, II, 383. Wiart, p. 23. [3] II, 387, ebenso Wiart, p. 23.

[4] Spartian. Did. Jul. c. 8 und Panciroli zu dieser Stelle der Not.

[5] Hirschfeld, p. 52 f. Wiart, p. 36 ff. Gothofr. parat. zu tit. C. Th. de advoc. fisci 10, 15.

[6] l. 32 § 2 C. Th. 10, 10 (425). l. 5 C. Th. 10, 8 (435). Nov. Th. 10, 1 (438) u. ö.

[7] *defensorem domus nostrae* l. 3 C. Th. 10, 4 (365); Schulten a. a. O. p. 78 denkt hier an den *procurator*, Gothofr. an den *rationalis*; daß der *advocatus fisci* gemeint ist, ergiebt sich meines Erachtens aus Symmach. ep. 10, 41 (383) „*defensores et rationales augustissimae domus*“: der *procu-*

Sie vertreten den *fiscus* vor Gericht,[1] wirken mit bei der Untersuchung gegen *bona vacantia* und *caduca*[2] und haben auch bei den Prozessen gegen kaiserliche Pächter und Kolonen vor Gericht mit zu erscheinen.[3]

Wir werfen noch einen Blick auf die Namen, mit denen die Quellen unserer Periode das einzelne Domanialgut bezeichnen.

Von den früher üblichen Bezeichnungen für das einzelne Domanialgut[4] sind die allgemeinen Ausdrücke *praedium*[5] und *possessio*[6] auch jetzt noch in Gebrauch. *Fundus* bezeichnet noch immer jedes geschlossene Grundstück, sei es nun klein oder groß.[7] Als Synonym von *fundus* wird jetzt *casa* außerordentlich häufig gebraucht, wenigstens zur Bezeichnung privater Grundstücke;[8] Fälle der Anwendung auf Domanialgüter sind mir nicht bekannt. *Casa* ist zunächst der Meierhof, der auf dem *fundus* steht (so z. B. in den Alimentartafeln). Die bekannte Tendenz der lateinischen Sprache, ein Landgebiet nach seinem Mittelpunkt zu benennen, hat dann dazu geführt, den Begriff der *casa* auf den ganzen *fundus* zu erstrecken. Ebenso ist es zu erklären, wenn

---

rator würde kaum vor dem *rationalis*, der sein Vorgesetzter ist, genannt; auch paßt der Inhalt der Stelle für d. *advocati fisci*, l. 5 C. Th. 10, 8 (435); vgl. *defensacula fisci* l. 2 C. Th. 10, 15 (334).

[1] l. 41 C. Th. 11, 30 (383).

[2] l. 3 C. Th. 10, 4 (365). [3] l. 5 C. Th. 10, 8 (435), Sym. l. c.

[4] Schulten a. a. O. 17—23.

[5] Griech. χωρίον z. B. πατριμόνια in Karien bei Hierokles, Nov. 157 u. s. w.

[6] Griech. κτῆμα, κτῆσις z. B. Nov. 128 c. 3, Nov. Tiberii v. 578/82; *possessio* bezeichnet in den Constantinischen Stiftungen sowohl große, wie kleine Güter, allerdings meist Besitzungen von einem gewissen Umfang; vgl. die *possessio Daras*, auf deren Gebiet eine Stadt gegründet wird (Marcellin. Com. a. 518 auct. ant. XI, p. 100).

[7] Von den Constantinischen Stiftungsbriefen, die auszugsweise im Lib. Pont. erhalten sind, bevorzugen einige die Ausdrücke *fundus* und *massa*, andere das allgemeine *possessio*. Duchesne a. a. O. p. CIXL f.

[8] Z. B. *casa Fulgerita* bei Forcellini s. v. *massa*; Beispiele aus dem Itiner. Anton. giebt Schulten, p. 22; l. un. C. Th. 12, 14 (400, cf. Edict. Theoder. § 46): *possessiones aut casae;* Marini pap. No. 84 (491). Cassiodor braucht *casa* sehr häufig (z. B. III, 52, IV, 14; die *possessio Arcinatina* IV, 40 heißt II, 11 *Casa Arcinatina*), *fundus* nur ein einziges Mal.

einzelne Besitzungen als *villa*, *cella*, *turris*, *vicus* u. s. w. bezeichnet werden.[1] Den gleichen Sinn hat es, wenn jetzt *domus* oft zur Bezeichnung des Grundstücks gebraucht wird, sodaß man es geradezu mit Landgut übersetzen kann.[2] Wenn nach Nov. 30 die *praedia tamiaca* Kappadokiens in 13 *domus*, *οἰκίαι* zerfallen, so wird hier *domus* ein sehr großes Gut oder einen ganzen Complex von Gütern bezeichnen, ähnlich wie etwa *saltus* oder *massa*.[3]

Das Wort *saltus* ist in dieser Periode seltener als früher und die mir bekannten Beispiele beziehen sich, von zwei Ausnahmen abgesehen, auf den Orient.[4] Ob *saltus* seine ursprüngliche Be-

---

[1] Schulten, p. 21 f.; die *villa* oder *possessio Daras* in Mesopotamien umfaßt mehrere *casae* (= *fundi*), *vicus* = *possessio* z. B. l. 8 C. 10, 19 (468).

[2] Man könnte ja auch denken, daß sich diese Bedeutung von *domus* aus der andern von *domus* = *res familiaris*, *patrimonium* entwickelt hätte, aber unsere Ableitung liegt doch näher. Von der einzelnen Domäne wird *domus* an folgenden Stellen gebraucht: l. 7 C. Th. 1, 32 (389), l. 4 C. Th. 15, 3 (399), l. 2 C. Th. 11, 5 (416), l. 6 C. Th. 15, 3 (423), l. 1 Nov. Th. 7 (439). Interp. zu l. un. C. Th. 2, 25. Ebenso οἶκος in den griech. Quellen Nov. 21 (535). *Domus* von den Gütern der Senatoren: l. 3 C. Th. 6, 3 (396 vgl. l. 2 eod.). Cassiod. II, 24 (507—511); der andern *potentes* l. 6 C. Th. 12, 1 (319), l. 2 C. Th. 16, 6 (377), l. 12 C. Th. 11, 7 (383). Cassiod. II, 25 (507/11); ebenso οἶκος Nov. 102 c. 1 (536); *domus* für Privatgüter überhaupt l. 3 C. Th. 11, 28 (401 *defectae domus* = *fundi defecti*, *agri deserti*, vgl. l. 30 C. Th. 5, 13, bas. ἀγροὶ ἄποροι), l. 8 C. 1, 5 (455). — Diese Bedeutung von *domus* fehlt in den Wörterbüchern von Forcellini und Georges, ebenso bei Brisson, Dirksen, Heumann. Schulten, p. 21 giebt nur ein einziges spätes Beispiel aus Sidon. Apoll. III, 5, doch heißt an dieser Stelle *domus* wohl einfach Vermögen. Spätere Quellen gebrauchen für Landgüter die Bezeichnung *domus culta*, im 9. Jahrh. *domoculta* geschrieben (Ducange s. v.). Aus *domus* = Landgut ist *domanium* entstanden.

[3] Nov. 30 c. 2 (536); ebenso ist wohl *domus* zu verstehen im Titel des *Comes domorum* in Afrika und Kappadokien und οἶκος, οἰκία in der Nov. Tib. 578/82 (Kriegel, Corp. jur. civ. III, 727).

[4] Die beiden einzigen Stellen, die occidentalische und zwar afrikanische *saltus* im techn. Sinn erwähnen, sind l. 2 C. 11, 75 (a. 368/70, an d. *proconsul Africae: frumentis quae ex diversis saltibus convehenda trahantur*) und Sym. ep. 68 (a. 380: d. *saltus Vaganensis* gehört der *Arca pontificalis*). Die *saltus Carminianenses* der Not. occ. c. XI sind Weidetriften (Böcking, II, 386: *hodie regio silvosa montibus paludibusque aspera*) und gehören nicht hierher. Ebenso bezeichnet *saltus* das Weideland l. 2 C. Th. 7, 7 (365 = l. 1

deutung, die eines von Anfang an vorhandenen großen Landbesitzes beibehalten hat, ob es nicht vielmehr jetzt auch einen durch die Erwerbung verschiedener *fundi* nach und nach entstandenen Gütercomplex bezeichnet, ist kaum zu entscheiden. Jedenfalls ist die örtliche Geschlossenheit des Besitzes für den *saltus* auch jetzt noch charakteristisch.

Der Ausdruck *massa*[1] *(sc. fundorum)*, der in den Quellen des Westens sehr häufig auftritt, deutet zunächst auf die Vereinigung

---

C. 11, 61), l. 1 C. 11, 67 (384—392) und Rubr. tit. C. 11, 66 u. 67. Die Belegstellen für *saltus* im Orient sind: Not. or. c. XIII: *procuratores saltuum*; l. 2 C. 11, 69 (475/84): *possessiones Gonatici saltus*; l. 14 C. 11, 62 (491): *qui in quacunque dioecesi, in quacunque provincia vel in quolibet saltu fundos patrimoniales vel templorum aut agonothetici . . iuris possident;* alle diese Stellen beziehen sich auf Domänen; unbekannt sind die Eigentümer der *saltus* bei Hierokles, (ed. Burckhardt, schrieb unter Justinian, aber vor 535): in Thessalien *Σαλιοβουραμίσιον*, *Σαλιοσιόβιος* (Konstantin Porph. hat hier: *Βουραμίνσιος*, *Σάλτος*, *'Ιωαννούβιος*); Europa: *Σιλτική* (Konst. Porph. *Σαλτική*); Helenopontus: *Σάλτου Ζαλίχιν*; Palästina III: *Σάλτων*.

[1] *Massa* kommt nicht erst im 4./5. Jahrh. vor, wie Schulten, p. 20 meint, sondern schon in den Constantinischen Stiftungen, z. B. *Massa Gargiliana territorio Suessano, Massa Laninas terr. Cartiolano* u. a. in Italien; *Massa Taurana terr. Paramnense* (Palermo) in Sizilien; *Massa Juncis terr. Mucario, Massa Capsis terr. Capsitano, Massa Variasardana terr. Mimnense, Massa Camaras terr. Cryptalupi, Massa Numae terr. Numidiae, Massa Sulphorata terr. Numidiae, Massa Walzari olearia terr. Numidiae*, alle in Afrika, *Massa Cefalina* in Griechenland (Cefallenia). Außer den hier genannten kennen wir folgende kaiserlichen oder königlichen *Massae: Massa Veternensis* in Tuscien (Ammian XIV, 11, 27), *Massa Pyramitana terr. Syracusano* (Marini No. 82 a. 489: diese Besitzung schenkte Odovakar dem Pierius; sie muß etwa 20 *fundi* umfaßt haben und bildete noch zu Marinis Zeit „*una vasta campagna*" Mar. p. 74), *Massa Rusticiana* in Bruttium (Cassiod. XI), die *Massae* Theodahads (Cassiod. VIII, 23). — Von nicht domanialen *Massae* werden erwähnt die *Massa Praenestina* (Forcellini, ed. Schneeberg, 1833, s. v. *Massa: „ex massa P. casam cui vocabulum est Fulgerita*, a. 385), die *praedia Massae Mandelane* in Sabinum (C. J. L. XIV, 3482), *Massa Turpeiana* (C. J. L. X, 8076, 4./5. Jahrh.), *Massa Cesiana* (Nov. Anthem. 3 § 3 a. 468), *Massa Pallentiana* (Cassiod. V, 12, vgl. die *conductores massarum* VIII, 33 f., XII, 5), *Massa Firimidiana territorio Urbi[n]ati* und *Massa . . . liana terr. Lucense* (Marini No. 86 a. 553); die *Massa q. a. Paganicense* (Marini No. 91, ca. 550) umfaßte an die 35 *fundi*. Vgl. auch Gregor. ep. I, 42, VI, 38 u. s. w. Ein *massarius* wird erwähnt C. J. L. VI, 9560.

mehrerer ursprünglich getrennter *fundi* in einer Hand: die Ansätze zu dieser Entwickelung zeigen die Alimentartafeln. Die so entstandene *massa* wird mit einem einheitlichen Namen belegt und so bewirtschaftet„ daß der Eigentümer oder der Großpächter die einzelnen *fundi* der *massa* in Kleinpacht vergiebt. An diese Grundbedeutung scheint man sich später nicht mehr genau gehalten zu haben: man nennt auch den großen Landbesitz, der stets in einer Hand vereinigt war, *massa*, ohne daß wir im einzelnen Fall feststellen könnten, zu welcher Gattung das als *massa* bezeichnete Gut gehört.

Die späteren Quellen des Occidents scheinen also *massa* zu gebrauchen, wo die orientalischen von *saltus* reden. Der völligen Gleichsetzung der beiden Ausdrücke widerstrebt indessen der Umstand, daß die *massae* in Italien und auch in Afrika fast alle in einer Stadtflur liegen, während die uns bekannten *saltus* des Ostens offenbar selbstständige Gutsbezirke darstellen.[1]

Das griechische Wort für *massa*, *σύγκτησις*, kommt in dieser Bedeutung schon im 3. Jahrhundert vor, also früher, als das lateinische Wort belegt ist.[2]

4. Die Verwaltung des sacrum patrimonium.

Die Domänen des kaiserlichen Privatvermögens heißen *fundi patrimoniales*.[3] Mit diesen zusammen führen die Quellen regelmäßig eine andere Klasse von Grundstücken an: die *fundi emphyteutici*. Diese sind nichts anderes als *fundi patrimoniales*, die in emphyteutische Erbpacht gegeben sind. Da die Emphyteusis zu-

---

[1] Vielleicht rührt das Zurücktreten der afrik. *saltus* in dieser Periode daher, daß viele ehemaligen *saltus* Stadtrecht erhalten hatten. Im Orient hat sich dieser Prozeß viel langsamer vollzogen.

[2] *σύγκτησις ἀγωνόφορος*, l. 34 D. de leg. II, 31 (Modestin); *σύγκτησιν praediorum quae appellabatur circa Colonen* l. 30 § 1 D. 34, 4 (Cervid. Scaevola). Nov. 166 (s. a.): *ἀγρὸν ἢ χωρίον ἢ γηδία ἢ σύγκτησιν ὅλην.*

[3] Über die Verwaltung des *patrimonium* vgl. Cuiaz, Paratitl. zu l. 1, 34. — Böcking, II, 376 ff. — Hirschfeld, p. 24 ff. — Gaudenzi, Sui rapporti tra l'Italia et l'Impero d'Oriente, Bol. 1888. — Mommsen: Ostgoth. Studien, N. A. f. ä. d. G. K. XIV, p. 404. 543 f. — Karlowa, I, 841 f. — Wiart, p. 6 ff.

nächst und vorzugsweise gerade bei den *fundi patrimoniales* ihre Anwendung fand, so verstand man unter *fundus emphyteuticus* ohne weiteren Zusatz ein in Emphyteusis verpachtetes Gut des kaiserlichen Privatvermögens.[1]

Auch die *fundi saltuenses* werden häufig mit den *fundi patrimoniales* zusammengenannt.[2] Man möchte bei diesem Ausdruck zunächst an Weidegüter denken, aber dieser Deutung steht die Erwähnung von Bauern *(coloni saltuenses)* auf diesen *fundi* entgegen. Die *fundi saltuenses* kommen nur in den Quellen des Ostreichs vor. Nun wissen wir, daß es in den orientalischen Provinzen noch zahlreiche *saltus* im technischen Sinne, ausgedehnte selbstständige Gutsbezirke gab und man darf daher in den *fundi saltuenses* Domänen sehen, die in einem solchen *saltus* liegen.[3]

Endlich tritt noch eine weitere Gruppe von Gütern zuweilen in Verbindung mit den *fundi patrimoniales* auf: es sind die *fundi limitrophi*.[4] Man hat sie mit den *agri limitanei*, die den Soldaten der Grenzbesatzungen angewiesen worden waren, zusammengeworfen,[5] sie müssen aber von diesen unterschieden werden. Es sind Domänen, deren Pachtzins in einer Getreidelieferung an die Grenzkastelle bestand.[6]

Bevor wir uns mit der Verwaltung dieser Güter beschäftigen, wollen wir suchen einen Überblick über die Landschaften zu gewinnen, in denen solche Privatdomänen lagen.

Fundi patrimoniales gab es wohl in allen Provinzen Italiens: wir kennen solche in der Ämilia, in Ligurien, in den Urbicariae Regiones,

---

[1] Z. B. l. 7 C. Th. 10, 3. Nov. Val. 18, 1. Augustin adv. litt. Petiliani II, 184 (Ed. Maurin. IX, 269).

[2] l. 1 C. 11, 64 (386), l. 31 C. Th. 5, 15 (389), l. 38 eod. (415). Nov. Theod. 5, 2 (439 = l. 13 C. 11, 62). Rubr. tit. C. 1, 62—64.

[3] S. o. S. 16, vgl. l. 14 C. 11, 62 (491): *qui in quacunque dioecesi, in quacunque provincia vel in quolibet saltu fundos patrimoniales . . detinent.*

[4] l. 8 C. 11, 62 (386), l. 38 C. Th. 5, 13 (415). Rubr. tit. Nov. Th. 5, l. 2 eod. (439 = l. 13 C. 11, 62). Rubr. tit. C. 11, 60.

[5] So Brisson und Heumann, auch Meitzen, p. 365 ff., vgl. aber rubr. tit. C. 11, 60.

[6] Weber (p. 147) meint, sie hätten nur Spanndienste zu leisten gehabt, aber l. 38 cit. spricht sehr bestimmt von einem Canon.

in Sicilien und Sardinien.[1] Zum *patrimonium* Odovakars gehörte die *Massa Pyramitana* bei Syrakus;[2] die ostgothischen Könige besaßen patrimoniale Ländereien in Apulien, Lucanien und Bruttium, ferner in Tuscien, Venetien und am Po.[3]

Besonders ausgedehnte Güter besaß auch das *patrimonium* in Afrika und zwar in der proconsularischen Provinz, in Byzacene und Numidien.[4] Von *fundi patrimoniales* in den übrigen Provinzen des Westreichs ist uns aus römischer Zeit nichts überliefert; Cassiodor berichtet von königlichen Privatgütern in Dalmatien und Spanien.[5]

Auch in den beiden Präfekturen des Ostreichs lagen *fundi patrimoniales*;[6] wir kennen solche in den Diöcesen Asia, Pontus und Oriens,[7] in den Provinzen Phönice Libanica, Mesopotamien, Osroëne und Arabien.[8]

Über die Verwaltung der *fundi patrimoniales* wissen wir leider nur sehr wenig. Die vorconstantinische Zeit kannte, wie wir sahen, besonders Provinzialprokuratoren für das *patrimonium principis*. Auch für die spätere Zeit dürfen wir solche Beamten annehmen, obwohl unsere Quellen nichts von ihnen berichten: der spanische *procurator patrimonii*, der nach l. 3 C. Th. 9, 42 (357) das Vermögen eines Geächteten einzieht, ist offenbar ein

---

[1] l. 2 C. Th. 11, 16. Nov. Val. 24 (449); l. 9 C. Th. 11, 16, l. un. C. Th. 2, 28.

[2] Marini, pap. No. 82; sicilische *fundi patrimoniales* auch Nov. 75 (537).

[3] Cassiod. I, 16, V, 7, 9, 18, IX, 3, XII, 5. Procop. bell. Goth. I, 4. Die *Massa Fadiliana* und die übrigen Grundstücke der Urk. Marini No. 73 sind Privatgüter, nicht Domänen, wie Mommsen a. a. O. p. 501 meint.

[4] l. 1 C. Th. 11, 19 (321), l. 1 C. 11, 63 (319). Not. occ. c. 2. — l. 1 C. Th. 11, 16 (319), l. 1 C. Th. 15, 3 (319), l. 6 C. Th. 13, 11 (396), l. 19 C. Th. 11, 7 (412). Augustin, adv. litt. Petil. II, 184. — l. 16 C. Th. 5, 13 (364), l. 3 C. Th. 11, 19 (364). Nov. Val. 18 (445).

[5] Cass. V, 39, IX, 9.

[6] Nov. 148 (565/78). — l. 31 C. Th. 5, 13 (389), l. 34 eod. (394), l. 64 C. Th. 10, 10 (405), l. 38 C. Th. 5, 13 (415). Nov. Th. 26 (444). Nov. 147 (553). Nov. Tib. (578/82).

[7] l. 6 C. 11, 62 (384), l. 1 Nov. Th. 5 (438). Ed. Just. VIII, 2. Die χωρία πατριμόνια in Karien (Hierokles) brauchen nicht notwendig Domänen zu sein, wie Zachariae v. Lingenthal, (Berl. S. B. 1879 p. 165) meint.

[8] Ed. Just. IV c. 2. — l. 8 C. 11, 62 (386). Nov. 102 (536).

Beamter der *res privata*. Die Not. occ. c. 2 nennt *sub dispositione praefecti praetorio per Italiam* einen *praefectus fundorum patrimonialium* für die afrikanischen Schatullgüter. Da die übrigen *fundi patrimoniales* hier nicht erwähnt werden, so darf man vermuten, daß sie unter der Oberaufsicht des *comes rei privatae* standen, und diese Annahme wird durch mehrere Quellenstellen bestätigt.[1]

Daß unter dem *Comes rei privata* ein besonderer Centralbeamter für die Schatullgüter stand,[2] der dem alten *procurator patrimonii* entsprochen hätte, möchte ich bezweifeln, da ein solcher nirgends genannt wird. Auch in den Diöcesanbezirken wird es schwerlich eigene Beamte für die *fundi patrimoniales* gegeben haben: die *rationales rei privatae* führten, wie es scheint, die Aufsicht über die Schatullgüter ihres Gebietes und hatten somit sowohl die *procuratores rei privatae* wie die *procuratores fundorum patrimonialium* unter sich.[3]

Mit Anastasius trat eine Änderung in der Domänenverfassung ein: dieser Kaiser trennte die Verwaltung der *fundi patrimoniales* scharf von der der *res privata* und setzte einen besonderen *Comes patrimonii* ein.[4] Dieser Beamte, in den griechischen Quellen *κόμης τοῦ πατριμονίου*, *κόμης τῆς ἰδικῆς κτήσεως* genannt, gehörte zur Rangklasse der *illustres*, stand also dem *Comes rei privatae* gleich und hatte in seinem Ressort die gleichen Befugnisse, wie jener.[5] Auch in der Diöcesanverwaltung der Domänen wird damals eine scharfe Scheidung von *patrimonium* und *res*

[1] l. 4 C. 11, 62 (368), l. 6 eod. (384), l. 7 C. Th. 10, 1 (417).

[2] So Karlowa, I, p. 842, Wiart, p. 30.

[3] Die *rationales* in l. 2 C. 11, 63 (367) und l. 31 C. Th. 5, 13 (388), die mit den *fundi patrimoniales* zu thun haben, sind jedenfalls die *rationales rei privatae*.

[4] l. 1 C. 1, 34: Lydus, de magistr. II, 27. Glossae nom. bei Otto, Thes. III, 1176. Mommsen spricht p. 404 die Vermutung aus, daß bei dieser Neuerung die Verfassung Italiens unter Odovakar zum Muster gedient habe. Ich glaube nicht, daß man hier germanischen Einfluß anzunehmen braucht: so ganz aus der Luft gegriffen war die Reform des Anastasius nicht, da man schon vorher zwischen *res privata* und *fundi patrimoniales* unterschieden hatte.

[5] tit. C. 1, 34.

privata eingetreten sein, obwohl wir darüber nichts bestimmtes wissen.

Ungefähr zur gleichen Zeit erfolgte auch in Italien die Einsetzung eines *Comes patrimonii.*[1] Der erste, der dieses Amt bekleidete, ist wahrscheinlich der *Comes et vicedominus* Ardor, den wir aus einer Urkunde von 488 kennen.[2] In den Briefen des Cassiodor und Ennodius geschieht des *Comes patrimonii* häufig Erwähnung[3] und das von Cassiodor überlieferte Bestallungsformular ist die wichtigste Quelle für die Kenntnis seiner Funktionen. Allerdings sind alle diese Stellen nur für das Reich der Ostgothen von Bedeutung; im Orient wird sich das Amt des *Comes patrimonii* wahrscheinlich wesentlich anders gestaltet haben. Bei Cassiodor führt der *Comes patrimonii* die Aufsicht über die Schatullgüter und nimmt die Beschwerden der Domänenpächter in Empfang.[4] Er verwaltet ferner den Privatschatz des Königs und zahlt aus diesem Beamtenbesoldungen aus.[5] Aber auch die königlichen Vorratshäuser müssen zu seinem Ressort gehört haben: er gewährt den Beamten Naturallieferungen *(victualia)* und die Sorge für die königliche Tafel wird ihm ganz besonders ans Herz gelegt.[6] Im Ostreich waren für den Unterhalt des kaiserlichen Hofes die Güter der *domus divina* im engern Sinne bestimmt: in Italien scheint es keine solchen Domänen gegeben zu haben und *domus regia* bezeichnet hier das *patrimonium principis.*[7] Zum Amtsbereich des *Comes patrimonii* gehören aber auch Befugnisse, die sehr wenig mit der Domänenverwaltung zu thun haben. Wenn die königlichen Schiffe seiner Aufsicht unterstellt sind, so kann

---

[1] Die früheren Erwähnungen des *Comes patrimonii*, C. J. L. VI 1726 (Auf. d. 5. Jahrh.) und Hänel, Corp. Leg. p. 260 (473) beziehen sich auf den *Comes rei privatae.* Vgl. Mommsen, p. 543 f. gegen Gaudenzi.

[2] Marini pap. No. 82.

[3] Cassiod. IV, 3, 4, V, 7, IX, 3, 13 u. ö. Ennod. ep. IV, 7, VII, 1. Das Bestallungsformular steht bei Cassiod. VI, 9; vgl. die Grabinschrift des *Comes patrimonii Senarius* in Traubes Reg. zu Cassiod., p. 499.

[4] VI, 9, IX, 3, V, 18—20, IV, 11. [5] Cass. IX, 13.

[6] Cass. VI, 13, VI, 9, XII, 4 (*enthecae aulicae*).

[7] Cass. IV, 3, V, 6, 18, 19 (*domus nostra*), V, 39, VI, 9 (*domus regia*, ebenso Ennod. ep. VII, 1), XII, 5 (*domus divina*). Procop. I, 4: τὴν βασιλικὴν οἰκίαν ἀυτὴν, ἣν δὴ Ῥωμαῖοι πατριμώνιον καλεῖν νενομίκασιν.

es sich dabei um Schiffe handeln, die die Erzeugnisse der königlichen Güter an ihren Bestimmungsort brachten.[1] Ganz abnorm ist es dagegen, wenn der *Comes* der Provinz Dalmatien einen Steuerzuschlag erläßt:[2] vielleicht war in Dalmatien besonders viel herrenloses Land an den König gefallen, so daß die ganze Provinz als königliche Domäne erschien und aus diesem Grunde auch die öffentlich rechtlichen Abgaben der Privatgüter in den königlichen Privatschatz flossen. Ebenso ist es wohl zu erklären, wenn unter Justinian der *vir excellentissimus procurator sacri patrimonii per Italiam*, wahrscheinlich ein Untergebener des *Comes sacri patrimonii* in Constantinopel die *iurisdictio* über die Steuern *(publicae functiones)* von Sicilien hat,[3] weil diese Insel *„semper quasi peculiare aliquid commodum imperatoribus accessit."*

Der *Comes patrimonii* hatte natürlich sein eigenes *Officium*;[4] unter seinen Subalternen spielten eine besondere Rolle die *chartularii* oder *chartarii*, die mit allerlei Aufträgen in die Provinzen geschickt wurden[5] und einen *tribunus chartulariorum* an ihrer Spitze hatten.

5. Die Verwaltung der domus divina.

Von der *res privata* zweigt sich in der zweiten Hälfte des 4. Jahrhunderts eine besondere Klasse von Domänen ab, die *domus divina*.[6] Wir begegnen Gütern dieser Art zuerst in Kappadokien im Jahre 379 und zwar werden sie hier meist als *„domus"* schlechthin bezeichnet.[7] Diese kappadokischen *domus*

---

[1] Cass. IV, 5. [2] Cass. IX, 8. [3] Nov. 75 (537).

[4] *Milites* Cass. VI, 9: ταξεῶται τῆς ἰδικῆς κτήσεως, l. 1 C. 1, 34.

[5] Marini No. 82, 83. Cass. VIII, 23, IX, 3, XII, 4; die *formula probatoria chartariorum* Cass. VII, 43 (Mommsen bezieht diese auf d. *chartularii* des Castrensis, m. E. mit Unrecht); Ennod. ep. VII, 1. Sie wirken mit bei der Besitzübergabe der veräußerten Domänen und hatten wohl auch die *Judices* bei der Erhebung der Domänenpachtgelder (l. 2 C. 1, 34) zu controllieren.

[6] Böcking, Not. 293 *ff., 385 *ff. — Bethmann-Hollweg, III, p. 74. — Karlowa, I, p. 843 f. — Wiart, p. 51. — Gothofr. zu l. 2 C. Th. 6, 30.

[7] l. 2 C. Th. 6, 30; s. o. p. 28.

stehen unter einem eigenen *Comes domorum,* der dem *Praepositus Sacri Cubiculi* untergeordnet ist.[1]

Einige Jahre später (390) finden wir solche *domus* unter einem *Comes domorum* auch in Afrika,[2] aber diese Domänen stehen unter der Oberaufsicht des *Comes rei privatae.*

In den andern Provinzen des Reichs tritt die *domus divina* erst viel später auf: ob man die *divinae domus,* die nach Not. or. c. XIII *sub dispositione* des *Comes rei privatae* stehen und vor den *rationales rei privatae* genannt werden, für eine besondere Art von Domänen halten darf, will ich dahin gestellt sein lassen, obwohl es mir wahrscheinlich vorkommt. Dagegen wird die *domus dominica* von der *res privata* mit Bestimmtheit unterschieden in einer Nov. Marcians von 450.[3] Reichlicher fließen die Quellen über diesen Gegenstand erst im 6. Jahrhundert. Aus den Berichten dieser Zeit erfahren wir, daß es Güter der *domus divina* in verschiedenen Gegenden des byzantinischen Reichs, in der Präfektur Illyrien, in der Diöcese Pontus und zwar in den Provinzen Armenia III und Hellenopontus, in Phönice Libanica und in Arabien gab.[4] Besitzungen der *domus divina* im Westreich kennen wir außer den afrikanischen nicht.

Über die Verwaltung der kappadokischen Güter sind wir gut unterrichtet.[5] Der mit ihrer Aufsicht betraute Beamte, der *Comes domorum,* gehörte zur Rangklasse der *spectabiles*[6] und stand unter dem Praepositus S. C. Kappadokien zerfiel, spätestens seit 386 in zwei Provinzen, Cappadocia I und II,[7] die Einsetzung des

---

[1] l. 2 C. 12, 5 (428); er heißt auch *Comes divinarum domorum,* l. 1 pr. C. 1, 49.

[2] l. 7 C. Th. 9, 27 (= l. 5 C. 9, 27), vgl. mit Not. oc. XIII. Es ist nicht richtig, wenn Böcking, p. 293 *ff. den occidentalischen *Comes dom.* dem Praep. S. C. unterstellt; gegen diese Ansicht spricht die Nichterwähnung des *Comes* in l. un. C. Th. 11, 18 (409).

[3] Nov. Marc. 2 § 1: *Et sive arcae Sublimitatis Tuae (praef. praet.) sive thesauris sive sacro debentur aerario sive cellario vel privatae rei nostrae aut dominicae domui .*

[4] Nov. 148 (565/78). — Ed. Just. VIII, c. 2. Nov. 30. — Nov. 38. Nov. 28. Nov. 102 (536). Ed. Just. IV, c. 2.

[5] Bes. durch Nov. 30 (536). [6] l. 11 C. 3, 26 (442). Nov. 20, Nov. 30.

[7] l. 2 C. Th. 13, 11; im Laterc. Pol. Silv. und im Lat. Veron. (vom

Comes war höchst wahrscheinlich vor der Teilung erfolgt[1] und sein Verwaltungsgebiet erstreckte sich auf beide Provinzen. Er besaß sein eigenes Officium, dessen Beamte *comitiani* (κομιτιανὴ τάξις) hießen. Ein Gesetz Theodosius' I. verordnete, daß, *prisco ordine revocato,* der *Comes rei privatae* aus seinen *mittendarii* den *princeps officii* des *Comes domorum* ernennen sollte. Vielleicht darf man aus diesem alten Herkommen schließen, daß der *Comes domorum* einmal vom *Comes Rei privatae* abhängig war. Zwingend ist dieser Schluß nicht — mehrere Officien erhielten ihren *princeps* aus der *schola* der *Agentes in rebus,* ohne deshalb von deren Vorgesetztem, dem *Magister Officiorum* irgendwie abhängig gewesen zu sein — und auf die Bemerkung des Scholiasten[2] ἐστὶ δὲ οὗτος ὑποκείμενος τῷ κόμητι τῶν πριβάτων wird man kein allzu großes Gewicht legen dürfen. Im 6. Jahrhundert stehen an der Spitze des kappadokischen Officiums XIII πρωτεύοντες, auch *magistri primi et secundi* genannt, zu denen vielleicht die Vorstände der einzelnen *scrinia* gehörten. Außerdem werden uns unter den Subalternen des *Comes domorum* noch *tractatores* (τρακτευταί), *summarii* und κατασκευασταί genannt: die *tractatores* und κατασκευασταί hatten wohl die Eintreibung der Domanialeinkünfte zu besorgen, die *summarii* scheinen Rechnungsbeamte gewesen zu sein.[3] Die beiden Oberstkämmerer des Kaisers und der Kaiserin kontrollierten die Amtsführung des *Comes* durch Absendung von *canonicarii,* die wohl auch den Ertrag der Domänen nach Constantinopel abführten.

Der kappadokische Domanialbesitz zerfiel in 13 Gutsbezirke, (οἰκίαι), von denen wohl jeder seinen Verwalter (ἐπίτροπος) hatte. Direkt unter diesem Procurator stehen die Colonen (γεωργοί), Großpächter scheint es auf diesen Gütern nicht gegeben zu haben. Die Beamten des Comes erheben die Abgaben direkt von den Colonen; außerdem entrichten die Colonen eine Gebühr an den

---

Jahre 297, ed. Seeck in seiner Ausg. d. Notit.) ist Kappadokien noch ungeteilt. Vgl. d. Schol. zu Epit. Julian. (ed. Hänel) c. 25.

[1] *prisco . . ordine revocato* l. 2 C. Th. 6, 30.

[2] Gothofr. zu l. 2 C. Th. 6, 30.

[3] Dies ergiebt sich aus Nov. 64; vgl. Cujaz zur Nov. 30.

Procurator des Gutes.[1] Der Präpositus, der einmal[2] erwähnt wird, ist der Verwalter der Webereien oder der Gestüte.

Zur Zeit Justinians stellten sich allerlei Mißstände in der Verwaltung der kappadokischen Güter heraus: es kam zu Reibungen zwischen den Domänenbeamten und den ordentlichen Provinzialbehörden, die Colonen klagten über Bedrückung, und durch die Gewissenlosigkeit der Procuratoren und die Anmaßung der benachbarten Grundbesitzer war ein großer Teil des kaiserlichen Besitzes und besonders der wertvollen Gestüte verloren gegangen.

Diese Vorgänge veranlaßten Justinian zum Erlaß eines Gesetzes (Nov. 30 a. 536), das die Verhältnisse der kappadokischen Domänen aufs eingehendste behandelt.

Die Ämter des *Comes domorum*, sowie der beiden Statthalter wurden beseitigt und an ihre Stelle trat ein Proconsul Cappadociae, ebenfalls *spectabilis*, der zugleich die Civil- und Militärgewalt und die Aufsicht über die Domänen in seiner Hand vereinigte. Auch die *praedia tamiaca* in den übrigen Provinzen der pontischen Diöcese wurden seiner Verwaltung unterstellt. In der Verwaltung der *domus divina* hatte er den Befehlen des Präp. S. C. Folge zu leisten. Auch das untere Beamtenwesen wurde neu geordnet. Die beiden *officia* des Comes und des Statthalters blieben getrennt, standen aber beide zur Verfügung des Proconsuls; die *tractatores* und *procuratores* wurden abgeschafft, die *XIII primates* des *officium comitianum* sollten *XIII exactores*, je einen für die einzelne *οἰκία* ernennen und diesen sollte fortan die Eintreibung der Domäneneinkünfte obliegen.

In betreff dieser Abgaben wurde auf die *forma Nicetae* (*τύπος*) offenbar das Domänenstatut eines früheren *Praefectus Praetorio* oder *Praepositus Sacri Cubiculi* verwiesen. Es wurde ferner genau festgestellt, was jeder Beamte an Gehalt und Gebühren zu beanspruchen hatte.

Weniger gut sind wir über die *domus divina* in den übrigen Landschaften unterrichtet. In Afrika gab es 390 einen *Comes domorum*,[3] jedenfalls derselbe Beamte, der in der Notitia occ. c. XI

[1] Nov. 30 c. 4. [2] Ib. c. 7. [3] l. 7 C. Th. 9, 27 (= l. 5 C. 9, 27).

XI. rationalis rei privatae fundorum domus divinae per Africam und in einer Inschrift aus der Zeit Justinians[1] *comes [ration]arius domus dibine* heißt. Ob Gelasius, der nach einem Brief des Symmachus an den Vikar von Afrika (a. 380), *imperialis domus curam recepit,* auf die *domus divina* i. e. S. zu beziehen ist,[2] läßt sich nicht mit Sicherheit entscheiden. Der *Comes domorum* in Afrika stand nicht unter dem *Praepositus S. Cubiculi,* sondern war vom *Com. R. P.* abhängig. Auch er wird sein eigenes *Officium* gehabt haben; doch ist nicht sicher, ob der *tabularius* und der *susceptor,* die in l. 7 C. Th. 9, 27 genannt werden, zu seinem *Officium* oder zu dem eines Provinzialstatthalters gehörten. Die gleiche Stelle nennt von Untergebenen des *Comes* noch den *procurator, praepositus gynaecei, colonus;* der *conductor* wird nicht erwähnt; vielleicht wurde auch die afrikanische *domus,* ebenso wie die kappadokische vorzugsweise in eigener Regie bewirtschaftet.

In Afrika und Kappadokien scheint sich die *domus divina* am frühesten von der *res privata* abgezweigt zu haben, in den andern Provinzen ist dieser Vorgang erst später, in denen des Westens, außer Afrika, wohl nie erfolgt.

Im Ostreich standen die *fundi domus divinae,* mit Ausnahme der Kappadokischen, lange Zeit unter der Verwaltung des *Comes rei privatae.* Erst Justinian hat dafür besondere Beamte eingesetzt. Die Inscriptio von l. 3 C. 7, 37 (531) lautet *Imp. Justinianus Aug. Floro comite rerum privatarum et curatori dominicae domus et Petro viro illustri curatori divinae domus serenissimae Augustae et Macedonio viro illustri curatori et ipsi dominicae domus.*

Dieses Gesetz dehnt eine Bestimmung Kaiser Zenos über die Eviktion der vom Fiskus veräußerten Sachen auch auf die *privata imperatorum substantia* aus und bezeichnet diesen Besitz als *domus nostra* oder *divina domus.* Die *Curatores nostri, per quos res divinarum domuum aguntur* werden nicht nur in der *Inscriptio,* sondern auch im Gesetze selbst erwähnt.

Es ist nun meines Erachtens klar, daß *domus divina* hier im technischen Sinne steht: wir sehen aus dieser Stelle, daß

[1] C. J. L. VIII, 14399 mit der Bemerkung Mommsens.

[2] Dies meint Seeck zu Sym. ep. I, 66 (60).

Justinian die Verwaltung der *domus divina* von der der *res privata* getrennt und zwei neuen Beamten, den *Curatores dominicae domus*, übertragen hat. Allerdings ist diese Trennung zunächst noch eine unvollkommene: der eine der beiden *Curatores* bekleidet zugleich die Würde eines *Comes rei privatae.* Im übrigen dürfen wir wohl annehmen, daß sich die beiden *Curatores* in die Verwaltung der *divina domus* nach örtlichen Bezirken teilten.

Karlowa[1] sieht in den *Curatores* unserer Constitution Beamte nach Art des afrikanischen oder kappadokischen *Comes domorum*, und meint einzelne dieser Verwalter der *divinae domus* seien nicht *Comites*, sondern nur *procuratores* oder *Curatores* gewesen. Dem ist zunächst zu erwidern, daß sich der Titel *Curator* für Verwalter eines Domänenbezirks nirgends nachweisen läßt.[2] Dann aber steht fest, daß es sich in der lex 3 cit. offenbar um sehr hohe Beamte handelt: der eine ist *illustris*, der andere zugleich *Comes rerum privatarum.* Die Provinzialverwalter der *divina domus* dagegen waren nach Karlowas eigener Ansicht vom *Comes patrimonii* oder vom *Praepositus Sacri Cubiculi* abhängig und höchstens *spectabiles.* Es kann sich daher in unserer Stelle nicht um solche Beamte handeln, es ist vielmehr ein von Justinian errichtetes neues Amt gemeint, dem wir auch in den späteren Quellen noch begegnen.

Die kappadokischen *praedia tamiaca*, und nach Nov. 30 die der ganzen Diöcese Pontus, behielten nach wie vor ihre besondere Verwaltung unter dem *Comes domorum*, später dem Proconsul Kappadokiens, und unter dem *Praepositus Sacri Cubiculi.* Die übrigen Güter der *divina domus* werden wohl sämmtlich den *Curatores* unterstellt worden sein.

Er entspricht der neuen Einrichtung, wenn von nun an die *divina domus* durchweg als gleichberechtigt neben *res privata* und *sacrum patrimonium* auftritt: so unterscheidet z. B. Ed. Justinian IV c. 2 τὸ θεῖον πατριμόνιον, τὰ θεῖα πρίβατα und ὁ θεῖος οἶκος.[3]

---

[1] p. 844.

[2] Wohl aber für die Verwalter einzelner Paläste, vgl. Ducange s. v.

[3] Ebenso Nov. 102 (536): τὸ θεῖον πατριμόνιον, τὰ θεῖα πρίβατα und ὁ θεῖος οἶκος; Ed. Just. VIII, c. 2: τὰ θεῖα πρίβατα, τὸ θεῖον πατριμόνιον und ἡ ἡμέτερα οἰκία.

Der von Justinian eingerichtete Dualismus in der Verwaltung der *divina domus* war nicht von langem Bestand: eine Novelle Justins II. vom Jahre 566 kennt nur einen einzigen *μεγαλοπρεπέστατος κουράτωρ τῶν οἰκιῶν.*[1]

Eine Novelle des Tiberius, deren Datum wir nicht kennen, nennt allerdings mehrere *ἐνδοξότατοι καὶ μεγαλοπρεπέστατοι κουράτωρες τῶν θείων ἡμῶν οἴκων.*[2] Aber dieses Gesetz hat wohl nicht nur die *divina domus*, sondern die Domänenverhältnisse ganz allgemein zum Gegenstand, es beschäftigt sich mit den Übergriffen der Pächter und Beamten aller Domänen. Darum rechnet es zu den *θεῖοι οἶκοι* nicht nur die *domus pientissimae Augustae*, sondern auch die *πατριμωνιαλικὴ οἰκία*, d. h. das *sacrum patrimonium.*[3] Daraus ergiebt sich, daß hier der Begriff der *Curatores* ein weiterer ist und auch die *Comites rerum privatarum* und *sacri patrimonii* umfaßt. Vielleicht bezieht sich auf die beiden *Comites* das Prädikat *ἐνδοξότατος (gloriosissimus)*, auf den *Curator divinae domus* das weniger hohe *μεγαλοπρεπέστατος (magnificentissimus).*[4] Aber im technischen Sinne Curator ist nur der Verwalter der *divina domus:* es ist derselbe Beamte, der in den späteren byzantinischen Quellen als *ὁ μέγας κουράτωρ, ὁ κουράτωρ τῶν βασιλικῶν οἴκων* bezeichnet wird.[5]

Besitzungen der Kaiserin werden oft erwähnt:[6] sie standen wohl unter der Oberaufsicht des *Comes rei privatae.* Eine Sonderstellung nahmen die Ländereien der Kaiserin in Kappadokien ein, die vom *Comes domorum* mit verwaltet wurden und zum Ressort des *Praepositus sacri cubiculi* der Augusta gehörten. Als Justinian für seine *domus* eine besondere Verwaltung einrichtete, setzte er auch einen *Curator divinae domus serenissimae Augustae* ein.

---

[1] Nov. 148.

[2] Nov. *περὶ τῶν θείων οἴκων* (578/82), ed. OSENBRÜGGEN in d. KRIEGELschen Ausg. des Corp. iur. III, p. 727 ff.

[3] Dies spricht meines Erachtens klar gegen die von ZACHARIAE u. a. behauptete Identität von *patrimonium* und *divina domus.*

[4] Über diese Prädikate vgl. DUCANGE, Gl. ling. graec. s. v.

[5] S. diese Stellen in DUCANGES lat. u. griech. Glossar.

[6] Chron. paschale (Migne patr. graec. t. 92) a. 369, l. 1 C. 10, 27 (491), l. 3 C. 7, 37 (531), Nov. 30 (536) u. ö.

Auch Prinzen und Prinzessinnen hatten ihre eigene *domus*, die man etwa der modernen Apanage vergleichen darf.[1] Wir kennen z. B. zahlreiche Paläste von Prinzessinnen in Rom und Constantinopel.[2] Über die Verwaltung dieser Besitzungen wissen wir nichts, möglich daß auch über sie die Oberaufsicht dem *Comes rei privatae*, später dem *Curator divinae domus* zustand.[3] Nach dem Tode eines Prinzen scheinen seine Güter der *res privata* zugefallen zu sein: so finden wir in einer karischen Inschrift, die wohl dem Ende des 5. Jahrhunderts angehört,[4] einen *Comes rei privatae* als *γενικὸς κουράτωρ τῶν προς[ηκόν]των πραγμάτων Πλακιδίᾳ*, als obersten Verwalter des Vermögens der Placidia, der Tochter Theodosius' I.[5]

6. Die Verwertung der Domänen.

Von der Verwertung der Domänen durch Verkauf ist bereits die Rede gewesen. Was der Staat in seinem Besitz behielt, nutzte er entweder in eigener Regie oder durch Verpachtung im weitesten Sinne.

Der Eigenbetrieb durch kaiserliche Beamte wird auch in dieser Zeit nur ausnahmsweise vorgekommen sein. Es fehlte an dem notwendigsten Erfordernisse, einem zuverlässigen landwirtschaftlichem Beamtenpersonal und die ungeheure Ausdehnung des Reichs erschwerte die Aufsicht in hohem Maße. In welchem

---

[1] Z. B. l. un. C. Th. 10, 25 (406), l. 21 C. Th. 13, 1 (418), Nov. Val. 10 § 1 (441).

[2] Vgl. die Stadtbeschreibungen (in Seecks Ausg. der Not.) und das Chronicon paschale (Migne patr. graec. t. 92) passim.

[3] Der Prokurator einer Prinzessin wird z. B. bei Marcellin. Com. ann. 434 erwähnt.

[4] Inschrift von Mylasa, hrsg. von Zachariae v. Lingenthal, Sitz.-Ber. d. Berl. Ak., 1879, S. 159—169.

[5] Unter ihm steht ein spezieller Verwalter der *domus Placidiae*, *ὁ λαμπρότατος φροντίζων πραγμάτων τῆς αὐτῆς ἐπιφανεστάτης οἰκίας*; er steht auf gleicher Linie mit dem *procurator rerum Juliani* der Not. occ. Zachariae meint, diese Güter hätten zum *sacrum patrimonium* gehört, weil Hierokles in Karien *χωρία πατριμόνια* nennt, aber dieser Schluß scheint mir nicht zwingend.

Umfang Regiewirtschaft bestand, läßt sich kaum feststellen. Wenn häufig in Constitutionen strafrechtlichen Inhalts der kaiserliche Wirtschaftsbeamte, der *actor* als der eigentliche Gutsvorsteher auftritt, so darf man daraus noch nicht auf Selbstbetrieb schließen. Der Domänenpächter wird, ebenso wie der kaiserliche *procurator* oft genug nicht auf dem Gute selbst, sondern in einer benachbarten Stadt gewohnt haben, sodaß auch der *actor* eines Pachtgutes für das, was auf dem Gute vorging, in erster Linie verantwortlich gemacht werden konnte.[1] In eigener Verwaltung behielt man vor allem die kaiserlichen Pfalzen *(palatia)*[2] vielleicht auch einzelne Güter, deren Ertrag direkt zum Unterhalt des Hofes bestimmt war. Das Gleiche dürfen wir annehmen von Ländereien, auf denen sich kaiserliche Fabriken (Ziegeleien, Töpfereien, Webereien) befanden und von den kaiserlichen Gestüten in Spanien, Griechenland und Kleinasien.[3] Aber selbst die Weidetriften der kaiserlichen Schafherden verpachtete man gegen ein mäßiges Entgelt, aber mit der Auflage, daß die Weide einen Teil des Jahres den kaiserlichen Herden offen stehen sollte:[4] es handelt sich bei diesen Bestimmungen wohl um die Weiden im unteritalischen Flachland, die die kaiserlichen Herden nur im Winter bezogen, während sie die Sommermonate im Gebirge zubrachten.

Endlich wird man Eigenwirtschaft auf kurze Zeit bei den Gütern annehmen dürfen, die neu zum Domanium hinzugekommen, deren sofortige Verpachtung oder Veräußerung jedoch aus irgend einem Grunde nicht zweckmäßig erschien.[5]

Im ganzen steht die Verpachtung der Domänen durchaus im Vordergrund und die römische Verwaltungspraxis dieser Periode hat, zum Teil im Anschluß an schon bestehende Institute, eine reiche Fülle von Nutzungsformen ausgebildet. Es sind folgende:

---

[1] Auf Regiegüter beziehe ich l. 6 C. Th. 11, 7 (349), l. 1 C. Th. 2, 1 (349), l. 2 C. Th. 10, 4 (365), l. 12 C. Th. 11, 16 (380), l. 4 C. 11, 19 (398), l. 2 C, 1, 11 (398 = l. 1 C. 11, 74).

[2] l. 4 C. Th. 5, 14 (ca. 364).

[3] l. un. C. Th. 10, 6 (= l. un. C. 11, 7), l. 1 C. Th. 15, 10, l. 19 C. Th. 6, 4. Nov. 30. Not. or. c. 13 *(praepositi gregum et stabulorum)*.

[4] l. 1. 2 C. Th. 7, 7 (365), vgl. l. 2 C. Th. 9, 30 (364).

[5] S. z. B. p. 45.

1. die *locatio conductio*,
2. das *ius perpetuum salvo canone*,
3. das *ius privatum salvo canone*,
4. die *emphyteusis*.

Wir betrachten diese verschiedenen Formen in den folgenden Abschnitten und beschränken uns hier darauf, die allen gemeinsamen Züge hervorzuheben.

Die Pacht ist durchweg Großpacht;[1] die Kleinpächter, die wir früher z. B. im Dekumatenlande fanden, sind verschwunden. Allerdings kommt auch jetzt noch Hingabe von Staatsland an kleine Leute vor — ich denke dabei an die Burg- und Grenzlehen u. s. w. — aber das so entstandene Verhältnis läßt sich nicht als Pacht bezeichnen. Die Pächter der kaiserlichen Güter sind große Herren, Offiziere, *Comites consistoriani, viri senatoriae fortunae*[2] u. s. w., deren Unbotmäßigkeit den kaiserlichen Beamten viel zu schaffen machte: sie fühlten sich als die rechten Eigentümer des Gutes[3] oder gar als eine Art von Amtspersonen, waren säumig in der Leistung ihrer Pflichten und belästigten ihre Nachbarn.

Neben dem Großpächter steht der kaiserliche Intendant, der *procurator*, der mit der Rechnungsführung und mit der rechtlichen Vertretung des Gutes beauftragt war, aber oft genug auch um die Bewirtschaftung des Gutes sich gekümmert haben wird.[4]

Die Verpachtung der Domänen erfolgt im 4. Jahrhundert in der Regel durch den Provinzialstatthalter — einmal finden wir auch den *Comes rei privatae* als Verpächter thätig[5] — wir stoßen

---

[1] Weber, Röm. Agrargesch. S. 139; Meitzen, Siedelungen und Agrarwesen I, 351 ff.; Schulten, p. 84 ff.

[2] tit. C. Th. 10, 26, l. un. C. Th. 10, 5 (398), l. 15 C. Th. 5, 13.

[3] Wohl nicht aus dem von Schulten p. 87 angeführten Grunde (Anschauung, daß sich das „Eigentumsrecht des Kaisers in viele zerspaltete"), sondern weil die Formen der Domänenpacht viel günstiger für den Pächter waren, als die der Privatpacht und weil der fixierte Erbpachtzins als Annex der Grundsteuer aufgefaßt wurde.

[4] Schulten a. a. O. p. 75 ff.

[5] Verpachtung durch die *rectores* l. 1 Th. 7, 7 (363), l. 10 C. Th. 5, 14 (395); l. 4 C. Th. 5, 14 (395?) verpachtet der *Comes rei priv.* die *fundi divae domus* und ebenso war es nach l. 10 cit. unter dem Usurpator Maximus.

also auch hier wieder auf die allgemeine öffentliche Verwaltungsbehörde an einer Stelle, wo wir kaiserliche Hausbeamten erwarten sollten. Auch die städtischen Curien treten einmal als Verpächter der kaiserlichen Weidegüter auf, freilich unter Aufsicht des Judex.[1] Der Statthalter seinerseits wird wieder durch die *palatini* controlliert und zum Schluß geht ein Bericht über den Abschluß des Pachtvertrags an den Kaiser.[2]

Im 5. Jahrhundert sind es die Beamten der *res privata*, die die kaiserlichen Güter in Pacht vergeben.[3]

Der Domänenpächter hatte für die *indemnitas fiscalis* durch Bürgschaft oder Pfand Sicherheit zu leisten.[4] Für die Zuverlässigkeit der Bürgen haftete der verpachtende Beamte mit seinem ganzen Officium, nach einer anderen Constitution die Curie:[5] man wird daraus schließen dürfen, daß der Bürgschaftsvertrag vor dem Stadtrat zu Protokoll gegeben wurde und daß dieser dabei die Leitungsfähigkeit der Bürgen zu prüfen hatte.

Neben dieser ordentlichen Verpachtung durch den Judex oder den Beamten der *res privata* kam auch noch eine andere Form der Verleihung vor, die mit der Behandlung der wüstliegenden Ländereien in Zusammenhang stand. Bekanntlich gaben diese *agri deserti* der Gesetzgebung der späteren Kaiserzeit viel zu schaffen. Durch ein besonderes Verfahren *(adiectio, ἐπιβολή)* teilte man ertragsunfähig gewordene Grundstücke den Nachbarn zu und zwang sie für die Steuer derselben mit aufzukommen.[6] Eine Verordnung des Anastasius verbot die *adiectio* von Privatgrundstücken *(ὁμόκηνσα)* zu *fundi patrimoniales*:[7] dies wird wohl schon

---

[1] l. 2 C. Th. 7, 7 (365).

[2] l. 2 Th. 10, 2 (398, handelt vom Domänenverkauf), l. 18 C. Th. 5, 13 Verpachtung *iussu nostri numinis*, l. 7 C. 11, 62 (386), l. 5 C. 11, 71 (429).

[3] l. 7 C. Th. 10, 17 (417), l. 5 C. 11, 71 (429). Nov. Theod. 19 (440): *palatinum officium (per quod) contractus celebratus fuerit.*

[4] l. 14 C. Th. 5, 13, l. 1 C. 11, 71, l. 4 C. Th. 10, 3, l. un. C. Th. 10, 5. — l. 14 cit. l. 6 C. Th. 5, 13, l. 11 C. 11, 62.

[5] l. 1 C. 11, 71 (380/83), l. 14 C. Th. 5, 13 (= l. 3 C. 11, 59, a. 364).

[6] Vgl. Zachariae v. Lingenthal, Gesch. d. griech. röm. Rechtes[3] (1894) p. 231—236. — Weber a. a. O. p. 209 ff. — Schulten, Hermes XXIX, p. 219 ff. — tit. C. de omni agro deserto 11, 59.

[7] l. 2 C. 1, 34.

früher Rechtens gewesen sein. Nach dieser Seite waren also die Pächter von *fundi patrimoniales* und wohl die Domänenpächter überhaupt gesichert. Dagegen wurde die *adiectio* auch innerhalb des Domaniallandes ausgeübt:[1] wer *praedia opima* übernahm, mußte auch Stücke unfruchtbaren Landes mit in Pacht nehmen.[2] Um dieses Verfahren zu regeln wurden *peraequatores (inspectores, discussores)* in die Provinzen geschickt und zwar gab es besondere *peraequatores* für die *fundi patrimoniales.*[3] Aus einer uns erhaltenen Instruction für einen solchen *peraequator,*[4] sehen wir, daß es sich um einen außerordentlichen Kommissär der Centralbehörde handelt, der in erster Linie mit der *adiectio* betraut war, aber auch andere Aufträge mit auf den Weg bekam. Dem *peraequator* wird in unserem Fall befohlen, die übermäßig belasteten Güter zu erleichtern, sei es durch einfache Herabsetzung der Pacht oder durch Wegnahme unfruchtbarer Äcker und Zuweisung derselben zu einem anderen Gute. Der Kommissär soll aber auch, wo dies angeht, die Pacht erhöhen und vor allem feststellen, ob die von den Pächtern geleistete Sicherheit genügt.

Der Pachtzins ist in der Regel in Geld veranschlagt;[5] wir erfahren indessen aus dem *Liber pontificalis,* daß gewisse Domanialgüter des Orients außer einer Geldsumme noch Naturalabgaben zu leisten hatten.[6] Unter diesen Abgaben finden wir Leinwand und Papyrus, Stoffe, die auf jenen Gütern selbst erzeugt werden konnten; daneben aber andere, wie Pfeffer, Gewürznelken, Zimmt, die nur auf dem Handelswege aus fernen Ländern zu beschaffen und offenbar für die kaiserliche Tafel bestimmt waren.

Die Pacht ist, wie wir sahen, durchweg Großpacht. Es fragt sich nun, ob auch in dieser Periode noch der Großpacht ein

---

[1] Vielleicht ist sie auf diesem Gebiet zuerst angewandt worden.

[2] l. 30 C. Th. 5, 13 (386 = l. 7 C. 11, 59). Daß die *adiectio* der *fundi patrimoniales diacatorhia* genannt worden sei, wie Zachariae, p. 233 sagt, läßt sich aus l. 30 cit. nicht herauslesen: *διακατοχία* bedeutet einfach einen dauernden Besitz (das einfache *κατέχειν* durch *διά* verstärkt) und scheint mit *Jus perpetuum* identisch zu sein. Vgl. l. 1 C. Th. 10, 16.

[3] l. 9 C. 11, 62 (398). [4] Gothofr. zu l. 7 C. Th. 10, 3 (417).

[5] Nicht immer: l. 2 C. 11, 62 (321?), *fundi patrimonialis pensitationem aurariam seu frumentariam.*

[6] Duchesne, p. CXLII f.

Großbetrieb entsprach und ob auch jetzt noch die alte Teilung von Hofland und Kolonenhufen fortbestand?[1] Auch in unserer Zeit fehlt es nicht an Belegen für das Fortbestehen dieser Teilung: wir erfahren z. B., daß die Colonen brachliegende Teile des Herrenlandes mit Ölbäumen und Reben bepflanzen und dann zu ihrer Hufe ziehen durften, daß die Wasserleitung auf den emphyteutischen Gütern in erster Linie für das Herrenland bestimmt war und daß die Colonen für ihr Zinsgut nur ein absolut nötiges Minimalquantum Wasser zu beanspruchen und für das Übrige dem Großpächter eine Abgabe zu entrichten hatten u. s. w.

Daß die afrikanischen Domänen noch in der alten Weise fortbewirtschaftet werden, steht ohne weiteres fest. Das gleiche dürfen wir annehmen von den großen *saltus* der östlichen Provinzen, vielleicht vom Provinzialland überhaupt; besonders auch von den Domänen im Innern Galliens. An den Grenzen von Gallien herrscht im 4. Jahrhundert der Kleinbetrieb vor: der Großbetrieb konnte sich in diesen Gegenden angesichts der fortwährenden Barbareneinfälle nicht behaupten und man wird hier, auch auf den Domanialgütern, das ganze Land unter die Colonen verteilt haben.[2] Auch die italischen Massae, die großenteils durch allmähliche Zusammenlegung einzelner *fundi* entstanden waren, werden oft aus lauter Kleinpachtstellen zusammengesetzt gewesen sein. Daneben gab es aber hier auch wirkliche Großgüter, die in gleicher Weise wie die Provinzialdomänen bewirtschaftet wurden.[3]

Der *Conductor* ist der Pächter des ganzen Gutes: er hat, ebenso wie der neben ihm stehende Prokurator, das Herrenland und die Kolonenhöfe unter sich.[4] Gegenstand der Pacht ist das Gut mit seinem gesammten Inventar an Sklaven, Vieh und leblosem Material; zum Inventar gehören auch die Abgaben und Dienste der Colonen.[5]

---

[1] Schulten, p. 88 ff.; Weber, p. 243 ff.; l. 1 C. 11, 63 (319); vgl. auch l. 3 eod. (383), l. 35 C. 4, 65.

[2] Meitzen, I, 369 ff.

[3] Die *casalia*, die in den Ravennatischen Urkunden häufig begegnen, sind offenbar Höfe höriger Bauern und als solche Pertinenzen des Gutes.

[4] S. o. p. 11 a. M. Mommsen, Hermes XV, 405; vgl. l. 3 C. 11, 63.

[5] l. 1 C. Th. 10, 8 (313), Verpachtung des Gutes *integro statu*, mit den Sklaven, dem Vieh und den aufgespeicherten Früchten; l. un. C. Th. 2, 25:

Auf dem Gutshofe, der *villa rustica*, sitzt, wie früher, der gutsherrliche Wirtschaftsbeamte, der alte *vilicus*, jetzt meist *actor* genannt und zuweilen dem freien Stande angehörig.[1] Er bewirtschaftet das Hofland mit Hilfe einer zahlreichen Sklavenschaar. Ein Teil der Sklaven wohnt nicht mehr auf der *villa* selbst: es sind die *servi casati*, die man, den Colonen gleich, auf kleinen Gutsparzellen angesiedelt hatte und die sich thatsächlich von den freien Colonen nur durch die Höhe der Abgaben und die Zahl der Fronden unterscheiden.

Dem Aktor muß auch jetzt noch — zumal auf großen Gütern — eine Anzahl von Wirtschaftsbeamten, wohl meist unfreien Standes, zur Seite gestanden haben; doch geben die Quellen unserer Zeit über die Namen und die Befugnisse dieser Leute keine Auskunft.

Die Colonen sind, wie früher thatsächlich, jetzt auch rechtlich an die Scholle gebunden und völlig zu hörigen Bauern geworden. Sie wohnen auf einzelnen Pachthöfen *(casae)* oder in Dörfern *(vici, castella)* und leisten, wie früher, dem Conductor Abgaben und Frondienste.[2] Über die Frondienste wissen wir nichts näheres, doch ist zu vermuten, daß das Bestreben des Gutspächters, die Anzahl der Frontage zu steigern, in vielen Fällen von Erfolg gekrönt gewesen sein wird, denn nicht immer werden die Colonen in der Zurückweisung dieser Versuche so glücklich gewesen sein, wie die des *Saltus Burunitanus*. Die Abgaben *(reditus)* der Colonen bestehen in Geld oder in Früchten; eine Constitution Valentinians verbot den Gutsbesitzern, Geld zu verlangen,

---

l. 2 C. 11, 63; *entheca* des Pachtgutes l. 18 C. Th. 5, 13; Verpachtung *cum ea dote vel forma, cui villa nunc habetur obnoxia* l. 4 C. Th. 5, 14. Bei der ursprünglichen Emphyteusis erfolgte die Verpachtung wohl ohne das Inventar.

[1] Der alte Name *vilicus* wird noch öfters von Privatbeamten, Cassiod. var. V, 39 (523/26) auch von Domanialbeamten gebraucht. Der *actor* der Domäne wird sehr häufig erwähnt, z. B. l. 1 C. Th. 10, 5 (313), l. 2 eod. (365), l. 7 § 1 C. Th. 7, 18 (383), l. 12 § 1 eod. (412); freie Aktoren von Privatgütern l. 1 Nov. Val. 6 (440). Der Name *actor* ist wohl nicht von der Bezeichnung des Municipalbeamten hergenommen (so Weber, p. 267, Schulten, p. 84), sondern umgekehrt der *actor rei publicae* nach dem Gutsverwalter benannt (analoger Vorgang beim Begriff des *procurator).*

[2] *Operae* und *obsequium* der Colonen erwähnt c. 150 Ed. Theoder.; vgl. l. 4 C. Th. 5, 14.

wo dies nicht durch die *consuetudo* des Gutes gerechtfertigt würde.[1] Im ganzen war die Lage der kaiserlichen Colonen von der anderer Gutsbauern nicht verschieden, doch schützten die Kaiser ihre Colonen durch Verleihung gewisser Vorrechte. Von besonderer Wichtigkeit war das Verbot, die Colonen auf emphyteutischen Gütern zu legen.[2]

Mit den Colonen nahe verwandt sind die Inquilinen, die auch auf Domanialgütern vorkommen.[3] Es sind gutshörige Hintersassen, die nicht Bauern sind: man wird zu dieser Klasse die niedern Gutsbeamten, soweit sie nicht Sklaven waren, ferner Hirten, Handwerker, Gärtner und Arbeiter aller Art zu rechnen haben.[4]

Leider lassen uns die Quellen jener Zeit über die Stellung dieser Leute völlig im unklaren. Es ist möglich, daß sie ihren Unterhalt in Gestalt einer Praebende vom Gutshof bezogen; es wäre aber auch denkbar, daß man sie mit einer Art *peculium* oder einem Stück Land zu prekaristischem Besitz ausgestattet hätte. Die Gutshandwerker konnten in ihrer freien Zeit für den Markt arbeiten und sich so ihren Unterhalt selbst verdienen. Auch die *negotiatores* der kaiserlichen Domänen gehörten vielleicht zu den Inquilinen und hatten wohl, ebenso wie die Kaufleute des *Metallum Vipascense*, eine Abgabe an den Conductor oder den kaiserlichen Prokurator zu entrichten.[5]

7. Die Zeitpacht.

Die Zeitpacht von Domanialland kommt auch in der konstantinischen Zeit noch vor: die Quellen unterscheiden mitunter

---

[1] l. 5 C. 11, 48 (366); Geld oder Naturalabgabe l. 20 eod. (529).

[2] l. 3 C. 11, 63 (383?). Über die Sonderrechte der kaiserlichen Colonen s. unten p. 113f.

[3] l. 29 C. 10, 32 (365); l. un. C. Th. 5, 10 (419); zu den ἔνοικοι der *fundi divinae domus* Nov. Tib. c. 4 gehören auch die Colonen; *inquilini* auf der *Massa Pyramitana* Odovakars (Marini No. 83).

[4] *Furnarius inquilinus* bei Augustin, advers. litt. Petil. II, 184; *hortos inquilinorum* in der *Charta Cornutiana* (471, Duchesne, Lib. Pontif. p. CXLVI f.); *figuli* und *fabri* auf kaiserlichen Gütern l. 10 C. Th. 13, 1 (374).

[5] Schulten, p. 77. l. 5, 10 C. Th. 13, 1 (364. 374).

die eigentliche *conductio* vom *ius perpetuum*, die *locatio ad tempus* von der *locatio perpetuo iure.*[1] Für die domaniale Zeitpacht werden dieselben Regeln gegolten haben, wie für die Privatpacht: eigentümlich für die Domänenpacht ist nur die prekäre Stellung des Pächters. Eine Constitution der Kaiser Theodosius II. und Valentinian III. gestattet, dem Zeitpächter eines kaiserlichen Gutes das Pachtgut wegzunehmen, wenn von anderer Seite ein höheres Pachtgebot erfolgte.[2] Wenn man diese Stelle, wie ich sicher glaube, auf die Zeit innerhalb der Pachtfrist beziehen muß, so enthält das Gesetz in der That einen schlimmen Eingriff in wohlerworbene Rechte.

Welche Fristen damals für die Domänenpacht üblich waren, wissen wir nicht: es ist möglich, daß das censorische *lustrum* noch immer beibehalten wurde.

Die Verpachtung scheint in der Regel durch Lizitation erfolgt zu sein. Eine Verordnung des Honorius befahl, bei der Verpachtung städtischer Güter die alten Pächter zu bevorzugen, wenn sie die von anderen gemachten Mehrgebote annehmen wollten: den gleichen Grundsatz wird man auch bei der Verpachtung der Domänen befolgt haben.[3]

Die Verpachtung auf Zeit kann nicht sehr häufig gewesen sein: als die normale Form der Verwertung der Domänen erscheint vielmehr die Erbpacht. Ein Gesetz aus der Zeit des Arcadius und Honorius verordnet, die *fundi rei publicae* sollten in Erbpacht gegeben werden, sobald der Canon durch Lizitation soweit gesteigert worden sei, daß eine weitere Vermehrung nicht möglich sei.[4]

Welche Form der Pacht bei den afrikanischen *saltus*, die uns aus den Inschriften bekannt sind, angewandt wurde, wissen wir nicht.[5]

---

[1] l. 3 C. 11, 36 (376?); l. 12 C. Th. 11, 16 (380); l. 20 eod. (395); l. 5 C. 11, 71 (429). Zeitpacht bei Stadtgütern l. 3 C. 11, 71 (400—405?).

[2] l. 5 § 7 C. 11, 71 (429). [3] l. 4 C. 11, 71 (397?). [4] l. 3 C. 11, 71.

[5] Schulten zieht aus dem Schlusse der Inschrift von Ain Wassel (s. o. p. 14) die Folgerung, daß der *saltus Thusdritanus* auf eine mehr als fünfjährige Zeit verpachtet gewesen sei.

8. Das Ius perpetuum.

Das *Ius perpetuum* ist ein erbliches Nutzungsrecht am fremden Grundstück gegen Zahlung einer jährlichen Pachtsumme.[1] Der Berechtigte heißt *perpetuarius*, das Grundstück *fundus perpetuarius*, *fundus perpetui iuris*, das Pachtgeld *pensio* oder *canon.*

In den Quellen des 4. und 5. Jahrhunderts tritt uns das *Ius perpetuum* als ein eigentümliches Institut entgegen, verschieden einerseits von der gewöhnlichen *locatio conductio*,[2] andrerseits von dem *Ius privatum salvo canone*[3] und von der *Emphyteusis.*[4] Mit der *Emphyteusis* ist es dann allerdings in der zweiten Hälfte des 5. Jahrhunderts verschmolzen worden: die Zeit Justinians kennt nur noch ein einziges Erbpachtverhältnis, das bald *Ius perpetuum*, bald *Emphyteusis* genannt wird, aber das ist nicht der ursprüngliche Zustand.

Das *Ius perpetuum* wird ganz besonders häufig in Verbindung mit den *fundi rei privatae* genannt; aber seine Anwendung erstreckt sich auch auf die *fundi patrimoniales*,[5] die *fundi rei publicae*[6] und *templorum.* Privatgüter werden nie zu *Ius perpetuum* verliehen.

Was seinen juristischen Charakter anlangt, so ist es ein Fall der Pacht,[7] die Quellen sprechen ganz unbedenklich von *locare*, *conductio*, *conductor:* dadurch unterscheidet sich das Institut von dem *Ius privatum* an Dominialland, dessen Begründung einen Fall der Veräußerung darstellt.

---

[1] Vuy, p. 103—105. — Pépin le Halleur, Histoire de l'emphytéose, Par. 1843, p. 18—50. — Lécrivain, p. 79ff. — Wiart, p. 44—46. 72ff.

[2] l. 3 C. 1, 66 (376?): *Quicunque possessionem rei privatae nostrae acceptam suo nomine vel iure perpetuo vel titulo conductionis* . . l. 12 C. Th. 11, 16 (380); l. 20 eod. (395); l. 5 C. 11, 71 (429?).

[3] l. 3 C. 1, 66 (376?), wo sich „*suo nomine*" auf das *ius privatum* bezieht.

[4] Nov. Val. 26 pr. § 4 (449).

[5] Überall, wo *fundi patrimoniales* und *emphyteutici* unterschieden werden, sind unter den *patrimoniales* in erster Linie solche Güter zu verstehen, die zu *ius perpetuum* verliehen sind.

[6] l. 3 C. 11, 71 (400/05); l. 5 C. Th. 10, 3 (400).

[7] l. 3 C. 11, 66 (376?); l. 3. 5 C. 11, 71; l. 5 C. Th. 10, 3.

Der Perpetuarius hat folgende Rechte:

1. er vererbt sein *Ius perpetuum;*[1]

2. er kann es auch veräussern,[2] aber wir wissen nicht genau, unter welchen Bedingungen. Einige Stellen sprechen vom Consens des Judex,[3] des kaiserlichen Beamten, aber aus andern Constitutionen ist ersichtlich, daß die Veräusserung auch ohne diesen Consens gültig war.[4] Wahrscheinlich hatte die amtliche Genehmigung lediglich die Wirkung, daß der frühere Perpetuarius von der Haftung für etwaige Pachtrückstände seines Nachfolgers befreit wurde. Vielleicht bezog der Kaiser auch eine Handänderungsgebühr (wie bei der spätern Emphyteuse), doch ist darüber nichts bekannt.

3. Der Perpetuarius ist nicht „*dominus fundi*"; allerdings wird l. 4 C. Th. 5, 14 (365 = l. 2 C. 11, 66) der Besitzer einer Domäne als *dominus* bezeichnet: wenn in dieser Stelle, nicht vom *ius privatum*, sondern wirklich von *fundi perpetui iuris* die Rede ist — und das halte ich für wahrscheinlich —, so hat man es eben hier mit einer jener Ungenauigkeiten zu thun, wie sie in der Rechtssprache der Zeit nicht selten sind. Weil der Perpetuarius nicht *dominus* ist, so hat er auch nicht das Recht, Sklaven, die zum Gutsinventar gehören, frei zu lassen.[5]

Domänen, die in Erbpacht ausgethan werden sollten, wurden, wie es scheint, in der Regel einer Versteigerung unterworfen.[6] War der Canon gesetzlich fixiert (wie bei den afrikanischen Domänen der *lex agraria* von 111 v. Chr.) oder war er zu einer solchen Höhe angewachsen, daß kein Mehrgebot zu erwarten war, so sah man von der Lizitation ab.[7] Von diesem Falle handelt l. 4 C. Th. 5, 14: wer auf eine Domäne reflektiert, schickt ein schriftliches Gesuch *(libellus)* an den *Comes rei privatae* und teilt ihm den *modus suae deliberationis* mit (d. h. wohl die Größe des Gutes, die Anzahl der *iugera*, die er zu pachten wünscht): darauf wird ihm das Gut ohne weiteres zugeschlagen. Daß der Pächter

---

[1] l. 5 C. 11, 71. [2] l. 5 cit. § 1.

[3] l. 1 C. 11, 62 (315), wo von der Emphyteusis die Rede ist; l. 13 C. 5, 71 (293) handelt von dem Pachtrecht eines Minderjährigen.

[4] l. 3 C. 11, 46 (376?). [5] l. 2 C. 11, 63 (367).

[6] l. 4 C. 11, 70 (395—401). [7] l. 3 C. 11, 71 (400—405).

außer dem Canon noch ein Erbbestandsgeld zu entrichten gehabt hätte, ist nirgends ersichtlich.

Das *Ius perpetuum* wird verwirkt durch Pachtversäumnis, doch haben darüber schwerlich feste Regeln bestanden. Wenn aus l. 4 C. Th. 5, 14 hervorzugehen scheint, daß man dem Perpetuarius das Gut entzog, wenn er zwei Jahre lang die Zahlung der *pensio* unterließ, so sehen wir andrerseits die Kaiser ihren Erbpächtern für die Pachtrückstände längst verflossener Perioden Erlaß gewähren.[1]

Es unterliegt meines Erachtens keinem Zweifel, daß das *Ius perpetuum* mit der langfristigen Pacht von Staats- und Gemeindeland identisch ist. Auch vom alten städtischen *ager vectigalis* gebrauchen die Quellen die Ausdrücke „*in perpetuum locatur*",[2] im 4. Jahrhundert werden die Gemeindegüter zu *ius perpetuum* vergeben, und wenn die Compilatoren in der Rubrik tit. D. 6, 3 sagen „*si ager vectigalis, hoc est emphyteuticarii iuris*", so meinen sie damit eben das *Ius perpetuum*, das damals mit der *Emphyteusis* zusammenfiel.

Wenn daher die Namen *ager vectigalis*, *praedium vectigale*, seit dem Ende des 3. Jahrhunderts[3] nicht mehr vorkommen, so handelt es sich dabei lediglich um eine Veränderung des Sprachgebrauchs: das *ius perpetuum* ist das alte *Ius in agro vectigali*.[4] Man wird die Rechtssätze der Digesten, die sich auf den *Ager vectigalis* beziehen, auch auf die *fundi perpetui iuris* anwenden dürfen, allerdings in ihrer ganzen Ausdehnung nur soweit es sich um *fundi rei publicae* handelt.

Wir haben gesehen, wie sich der langfristige Besitz an Domaniallaud von dem technisch so genannten *Ius in agro vectigali* durch seine geringere Sicherheit unterscheidet. Dies gilt auch noch für die konstantinische Zeit. In der Theorie ist zwar der *perpetuarius conductor* kaiserlicher Güter besser gestellt als der alte censorische *possessor:* ihm ist ausdrücklich das *Ius perpetuum*, das Recht erblicher Nutznießung übertragen worden. Aber in Wirklichkeit ist er noch immer ein prekärer Besitzer: das beweist

---

[1] l. 9 l. 16 C. Th. 11, 28 (414. 433).

[2] Gaius III, 145; l. 1 D. 6, 3; l. 11 § 1 D. 39, 4 (Paulus).

[3] l. 13 C. 5, 71 (293). [4] So schon Vuy, p. 104.

uns die üble Sitte der kaiserlichen Beamten, dem Perpetuarius das Gut zu nehmen, sobald von einer andern Seite ein höheres Pachtgebot erfolgte.[1]

Dem Besitzer eines städischen *Ager vectigalis* standen in diesem Fall eine besondere *actio vectigalis* gegen die Stadt zu: dem Domänenerbpächter fehlte ein solcher Rechtsschutz, er war auf den Petitionsweg verwiesen. Im übrigen aber darf man annehmen, daß der *perpetuarius conductor* eines *fundus rei privatae* ebenso behandelt wurde, wie der Pächter des *Ager vectigalis:* daß er z. B. die Früchte durch Separation erwarb, gegen Besitzstörungen von Seiten Dritter durch die *Actio Publiciana* gesichert war u. s. w.

So bietet uns das *Ius perpetuum* auf Domanialland, ebenso wie das *Ius in agro vectigali*, das sonderbare Bild eines durch *locatio conductio* constituierten dinglichen Rechts.

9. Das Ius privatum salvo canone.

Wenn das *Ius perpetuum* sich als ein erbliches Pachtrecht darstellte, so ist dagegen die Hingabe zu *Ius privatum salvo canone* eine Form der Veräußerung.[2]

Das *Ius privatum salvo canone*[3] ist ein eigentümliches Rechtsinstitut, das sich einerseits gegen das freie Eigentumsrecht an früherem Dominialland, andrerseits gegen die Formen der Erbpacht, das *Ius perpetuum* und die Emphyteuse, scharf abgrenzt. So heißt es z. B. einer Constitution Theodosius' II. vom Jahre 415:[4] *Nulli penitus liceat sive salvo canone privato iure sive cum imminutione canonis patrimoniali iure . . fundos patrimoniales postulare:* Das *ius perpetuum* wird als *ius patrimoniale* bezeichnet, weil es die normale Form ist, um *fundi patrimoniales* zu verwerten. Ebenso

---

[1] l. 3 C. Th. 10, 3 (380); l. 5 C. 11, 71 (429?).

[2] Pépin le Halleur, p. 34—38. — Wiart, p. 12—44. 66—71.

[3] Der Gegensatz ist das freie Eigentum, *ius privatum dempto canone* l. 2 Nov. Theod. 5 (439), Nov. Theod. 19 (400 = l. 7 C. 11, 66). Erste sichere Erwähnung des *ius privatum salvo canone* l. 17 C. Th. 5, 13 (364), dann l. 4 C. 11, 62 (368).

[4] l. 38 C. Th. 5, 13.

lesen wir in einem etwas früheren Gesetz, das von Arcadius herrührt:[1] *nihil privato iure salvo canone fundis emptis cum patrimonialibus esse commune* und in einer andern Verordnung desselben Kaisers[2] werden die *fundi patrimoniales qui salvo canone iure privato concessi sunt* denjenigen *patrimoniales, qui in conditione propria constituti sunt,* d. h. denen, die in Erbpacht vergeben sind, gegenübergestellt.

Das *ius privatum* bezieht sich an fast allen Stellen, wo es vorkommt, auf *fundi patriomoniales (saltuenses, limitrophi, templorum)*, auf jeden Fall ist es bei den *fundi patrimoniales* am häufigsten angewandt worden.[3]

Das *Ius privatum salvo canone* ist das mit einer ewigen Rente belastete Eigentumsrecht an ehemaligem Domanialland.

Wie unterscheidet sich das *Ius privatum salvo canone* vom *Ius perpetuum?*

1. Das *ius privatum* ist Eigentumsrecht *(dominium)*, darum hat der Besitzer zu *ius privatum* die Rechte des Eigentümers; er darf z. B. Sklaven, die zum Gut gehören, freilassen, ein Recht, das weder dem *perpetuarius*, noch dem Emphyteuta zusteht.[4]

2. Der *possessor iure privato* zahlt in der Regel außer dem Canon einen Kaufpreis:[5] die Konstituierung des *ius privatum* erfolgt dann durch einen Kauf, bei welchem ein Teil des Preises in Kapital, der andere Teil in Gestalt einer ewigen Rente gezahlt wird. Aber dies ist nicht immer der Fall: es kommt auch vor, daß der Kaiser das *Ius privatum salvo canone* schenkungsweise überträgt.[6]

Daß der Canon beim *Ius privatum* niedriger ist, als beim *Ius perpetuum*, liegt in der Natur der Sache und wird zudem

---

[1] l. 9 C. 11, 62 (398). [2] l. 10 C. 11, 62 (399).

[3] Vgl. aber Nov. Theod. 19 (440).

[4] l. 39 C. Th. 5, 13 (434 = l. 12 C. 11, 62), l. 2 C. 11, 63 (367).

[5] l. 2 C. 11, 69; l. 9 C. 11, 62; l. 4 C. 11, 70; l. 39 C. Th. 5, 13 (434 = l. 12 C. 11, 62: hier werden Erbpächter, die keinen Kaufpreis zahlten, aus besonderer Gnade, den Besitzern zu *ius privatum salvo canone* gleichgestellt).

[6] l. 6 C. 11, 62 (384); l. 10 eod.? (399).

durch eine Stelle direkt belegt.[1] Man darf aber deswegen den Canon nicht als einen bloßen Anerkennungszins auffassen.

4. Ob der Besitzer *privato iure*, der es unterließ den Canon zu entrichten, ebenso wie der *perpetuarius* durch Wegnahme des Grundstücks betraft oder ob er besser behandelt wurde, als jener, wissen wir nicht.

Gemeinsam ist dem *Ius privatum* und dem *Ius perpetuum* die Vererblichkeit und Veräußerlichkeit. Allerdings lassen uns die Quellen über die näheren Umstände und die Folgen der Veräußerung im Unklaren. Als sicher darf angenommen werden, daß es dazu keiner amtlichen Genehmigung bedurfte; auch von einer Handänderungsgebühr oder einem fiskalischen Vorkaufsrecht kann hier keine Rede sein. Eine wichtige Frage ist die, wer im Falle der Veräußerung den Canon zu tragen hatte? Wiart[2] behauptet, die Rentenschuld sei beim Verkäufer geblieben, da sich ja der Canon als ein Teil des früheren Kaufpreises darstelle. Ich kann dieser Meinung nicht beipflichten: man stelle sich nur vor, daß die Nachkommen des ursprünglichen Besitzers, die vielleicht seit Generationen nichts mehr mit dem Gute zu thun hatten, bis in alle Unendlichkeit mit dieser erblichen Rente behaftet gewesen wären: eine ganz ungeheuerliche Belastung, die jeden abschrecken mußte, eine Domäne *privato iure* zu übernehmen. Ich halte es für viel wahrscheinlicher, daß der Canon auf dem Grundstück ruhte und mit diesem auf jeden neuen Erwerber überging.

Die kaiserliche Gesetzgebung war dem Institut des *Ius priv. s. c.* nicht günstig: häufig wird die Einziehung der zu diesem Recht veräußerten Güter verordnet[3] und verboten, fortan *fundi patrimoniales privato iure* zu fordern.[4] Aber trotz dieser legislatorischen Tendenz haben die Kaiser fort und fort Domänen in der genannten Art und Weise veräußert. Das Institut entsprach eben einem gewissen Bedürfnisse: in einer Zeit, die keine Staatsanleihen

---

[1] *Mutato pristino canone* l. 3 § 1 Nov. Theod. 5 (441), vgl. l. 2 eod. (439).

[2] p. 69.

[3] Vielleicht in der nicht ganz klaren l. 15 C. Th. 5, 13 (364), sicher aber durch ein verlorenes Gesetz Julians, citiert l. 17 C. Th. 5, 13 (364) ebenso l. 19 eod. (365), l. 8 C. 11, 62 (386).

[4] l. 38 C. Th. 5, 13 (415). Nov. Theod. 5, 2 (439).

kannte, gewährte es dem Kaiser die Möglichkeit, im Fall der Not eine einmalige größere Summe aus seinen Domänen herauszuschlagen, ohne dabei ganz auf die weitere Nutzung verzichten zu müssen.

Auf eine dem *ius privatum* sehr ähnliche Einrichtung auf kirchenrechtlichem Gebiet hat Lécrivain aufmerksam gemacht.[1] Justinian verbietet in Nov. 7 den Kirchen ihre Güter zu veräußern oder erblich zu verpachten und nennt bei der Aufzählung der verschiedenen Veräußerungsformen auch τὸ καλούμενον παροικικόν. Dazu bemerkt eine alte Glosse: „*Coloniarium ius est, veluti si domum valentem C solidos (adde quinque aut decem) et praestantem pensionem decem solidorum accipiat quis ab ecclesia et det pro ea solidos centum seu amplius aut certe minus et quasi iam de proprio aggravet se dare singulis annis quasi pensionis nomine solidos tres. Iste ergo appellatur paroecus, sed ipsam domum sub tam parva pensione in perpetuum et ipse et heredes eius possidebant.*"

Aber noch eine andere Parallele muß sich uns bei der Betrachtung des *Ius privatum salvo canone* aufdrängen: die *agri privati vectigalesque* der republikanischen Zeit. Die Verwandtschaft der beiden durch einen Zeitraum von fast 500 Jahren getrennten Institute ist unverkennbar, doch wird sich ein historischer Zusammenhang zwischen ihnen kaum nachweisen lassen.

10. Die Emphyteusis.[2]

Neben das *Ius perpetuum*, die normale Form der Domänenverwertung, tritt in den Quellen des vierten Jahrhunderts noch eine andere Art der Nutzung, das *Ius emphyteuticum*, in späterer Zeit *emphyteusis* genannt.[3]

---

[1] A. a. O. p. 113.

[2] Vuy a. a. O. p. 90—163. — Pépin le Halleur, p. 1—50. — Puchta, Institutionen II[8], p. 716—726. — Pernice, Parerga II (Z. der Sav.-Stift., rom. Abt. V, p. 84—90). — Dernburg, Pandekten I[8], p. 629—631 ff. 634 ff. — Lécrivain, p. 78—91. — Wiart, p. 46—54. 78 ff. — Dittenberger, De inscriptione Thisbensi ad emphyteuseos ius spectantem, Hall. Vorl.-Verz. W.-S. 1891/92. — Schulten, Die Lex Hadriana de rudibus agris (Hermes XXIX, 203—239).

[3] Der Name *emphyteusis* zuerst l. 7. 8 C. 11, 62 (386); die Bezeichnung des Erbpächters als *emphyteuta* tritt erst l. 2 § 1 C. 4, 66 (529) auf.

Die ursprüngliche Emphyteusis ist die Verleihung brachliegender Domänen oder Gemeindegüter zu erblichem Nutzungsrecht gegen die Verpflichtung zu Meliorationen und zur Zahlung eines jährlichen Pachtzinses.

Wenn wir soeben von „Domänen" gesprochen haben, so ist dies nicht ganz genau: im ganzen vierten Jahrhundert, ja noch weit ins fünfte Jahrhundert hinein, werden nur *fundi patrimoniales*, nicht aber *fundi rei privatae*, zu emphyteutischem Rechte verliehen.[1]

Der Name *ius emphyteuticum* tritt uns — wenn wir von einem Fragment Ulpians absehen — zuerst in einem Gesetze Constantins vom Jahre 315 entgegen.[2] Doch zeigt die Art und Weise, wie das *ius emphyteuticum* hier erwähnt wird, daß das Institut nicht damals erst geschaffen worden ist, daß es vielmehr schon vorher bestanden haben muß.

Und in der That haben zwei Inschriftenfunde der letzten Jahre bewiesen, daß die Anfänge der Emphyteusis in eine viel frühere Zeit fallen.

Wenn Aristoteles berichtet „*Βυζάντιοι, δεηθέντες χρημάτων, τὰ τεμένη τὰ δημόσια ἀπεδίδοντο, τὰ μὲν κάρπιμα χρόνον τινὰ, τὰ δὲ ἄκαρπα ἀεννάως*", so ist es zweifelhaft, ob hier ein emphyteutisches Recht gemeint sei: möglich ist es immerhin, trotz des im weiteren gebrauchten Wortes *ὠνεῖσθαι*.[3]

Dagegen giebt uns eine Inschrift von Thisbe in Böotien, die der Wende des 2. und 3. Jahrhunderts angehört, sichern Aufschluß über die Entstehung des Rechtsinstitutes.[4]

---

[1] Dies ist von Vuy (p. 103f.), Pépin le Halleur (p. 20f.) und Pernice (p. 84ff.) richtig erkannt worden und wird von Wiart mit Unrecht bestritten. Aus l. 5 C. Th. 5, 14 (399) könnte man allerdings schließen, daß die Emphyteusis auch bei *fundi rei privatae* in Anwendung kam (der tit. 5, 14 enthält lauter Rechtssätze über diese Güter), aber die Stelle ist zu lückenhaft überliefert, um gegenüber der großen Menge von Constitutionen entgegengesetzten Inhalts in Betracht fallen zu können.

[2] l. 1 C. 11, 62; die früheren Stellen, wie l. 13 C. 5, 71 (293), beruhen auf Interpolation.

[3] Anderer Ansicht ist Dittenberger, der diese Stelle anführt.

[4] Die Inschrift ist von Dittenberger a. a. O. veröffentlicht und besprochen worden.

Ein Edikt des Prokonsuls von Achaia verfügt, die unbebauten Gemeindeländereien von Thisbe sollen in Pacht gegeben werden. Wer solche Grundstücke übernehmen will, wendet sich mit einem schriftlichen Gesuch (*βιβλίον*) an die städtische Obrigkeit und zeigt ihr an, wie viel Land er in Anbau nehmen und wie viel Pacht (*φόρος*) er zahlen wolle. Der Besitzer genießt 5 Jahre lang Freiheit vom Pachtzins, hat aber in dieser Zeit das ganze Grundstück mit Bäumen oder Weinstöcken zu beflanzen (*φυτεύειν*).[1] Er hat ein erbliches Nutzungsrecht am Grundstück, er darf auch unter Lebenden oder durch Vermächtnis darüber verfügen, aber nur zu Gunsten von städtischen Bürgern. Vielleicht bedurfte es zur Veräußerung einer Genehmigung von Seiten der Behörde: die Inschrift zeigt an dieser Stelle eine Lücke. Der Name *emphyteusis* wird nicht gebraucht, der Pächter heißt *ὁ καταλαβών*, die Verleihung durch die Behörde wird mit *πιπράσκειν*, *μεταπωλεῖν* bezeichnet. Aber das Institut zeigt doch die charakteristischen Merkmale der späteren Emphyteusis:

1. das *βιβλίον*, der *libellus*, nach dem später die Erbpächter *libellarii* genannt werden;[2]
2. die Pflicht zum *φυτεύειν*;
3. die (fünfjährige) Freiheit vom Pachtzins;
4. der Rückfall an den Verpächter *(commissum)*, der hier im Fall der Nichtbepflanzung, später bei Pachtversäumnis eintritt.

Aber in der Erblichkeit und Veräußerlichkeit des Rechts zeigen sich auch Berührungspunkte mit dem *Ius in agro vectigali.*

Ein Rechtsverhältnis der geschilderten Art meint Ulpian, der ja aus dem griechischen Osten stammte, wenn er l. 3 § 4 D. 27, 9 vom *„ius ἐμφυτευτικὸν vel ἐμβατευτικόν"* spricht.[3]

---

[1] *φυτεύειν* hat diese enge Bedeutung und steht im Gegensatz zu *γεωργεῖν* (beackern).

[2] Vgl. den *libellus* des *perpetuarius* l. 4 C. Th. 5, 14 (ca. 365) und die *libellatica* bei Greg. M. ep. I, 42.

[3] *Si ius ἐμφ. vel ἐμβ. habeat pupillus, videamus an distrahi hoc a tutoribus possit. Et magis est non posse, quamvis ius praedii potius sit.* — In dem Fragm. des Aemilius Macer (unter Alexander Sev.), l. 15 § 1 D. 2, 8 .. *sed et qui vectigalem, id est emphyteuticum, agrum possidet* .. sind die Worte *id est* etc. offenbar interpoliert.

Ἐμφυτευτικόν deutet auf die Pflicht zum *φυτεύειν*; *ἐμβατεύειν* heißt einfach besitzen, konnte aber ebenfalls als technische Bezeichnung für unser Institut in Gebrauch sein.

Die andere der beiden erwähnten Inschriften zeigt uns die Anwendung der Emphyteusis auf Domanialland. Es ist die bereits besprochene Aufzeichnung der *Lex Hadriana de rudibus agris*, die in die Zeit des Septimius Severus fällt.[1]

Hier werden unfruchtbare oder seit 10 Jahren brach liegende Teile der afrikanischen *saltus* der Occupation frei gegeben. Der Occupant ist hier nicht zum *φυτεύειν* verpflichtet: es genügt auch das bloße *γεωργεῖν*, der Getreidebau. Im letztern Falle aber hat er den Kanon sofort zu entrichten, während er für angepflanzte Obstbäume 7 Jahre, für Ölbäume sogar 10 Jahre Abgabenfreiheit genießt. Der Kanon besteht in einer Quote der Früchte. Der Occupant erwirbt durch den Anbau des Grundstückes ein erbliches Nutzungsrecht; ob er auch das Recht zur Veräußerung hat, wird nicht gesagt.

Wenn wir das Nutzungsrecht der *Lex Hadriana* mit der Erbpacht von Thisbe vergleichen, so finden wir folgende gemeinsamen Züge, die dann auch bei der Emphyteuse des 4. Jahrhunderts wiederkehren:

1. Die Pflicht zum Anbau.
2. Das erbliche (und veräußerliche?) Nutzungsrecht.
3. Die Freiheit vom Kanon für mehrere Jahre.

Dagegen ergeben sich auch einige Unterschiede:

1. Die *Lex Hadriana* kennt kein *βιβλίον*, das Nutzungsrecht entsteht durch bloße Occupation.
2. Der Occupant der *Lex Hadr.* ist nur zum Anbau, nicht zum *φυτεύειν* verpflichtet.
3. Die Frist der Immunitas ist hier länger als dort: die zunehmende Verödung des Landes wird dazu genötigt haben, den Occupanten möglichst günstig zu stellen.

Es darf nach den bisherigen Ausführungen für ausgemacht gelten, daß die Emphyteusis dem Municipalrecht der griechischen Städte ihre Entstehung verdankt, daß sie aber am Anfang des

[1] Vgl. Schulten a. a. O.

3. Jahrhunderts bereits in die Praxis der kaiserlichen Domänenverwaltung übergegangen war. Hier hat sie dann im Laufe des 3. Jahrhunderts eine feste Gestalt angenommen, so daß sie uns in konstantinischer Zeit als ein völlig ausgebildetes Rechtsinstitut entgegentritt.

Um dies zu begreifen, muß man sich eine Vorstellung von der damaligen Notlage der römischen Landwirtschaft machen. Der Umfang der *agri deserti*, der verödeten Ländereien nahm trotz aller kaiserlichen Gesetze von Jahr zu Jahr zu.[1] Auch unter den kaiserlichen Domänen befand sich eine große Anzahl solcher *agri deserti*. Wer solche Grundstücke wieder in Anbau nahm, mußte über einen bedeutenden Aufwand von Kapital und Arbeitskraft verfügen[2] und beanspruchte dafür natürlich auch günstige Bedingungen, vorteilhaftere als die des gewöhnlichen *ius perpetuum*. Das emphyteutische Nutzungsrecht bot beiden Parteien, was sie suchten: dem Staate Garantie für den Wiederanbau des Grundstücks, dem Pächter sichern Besitz und Abgabenfreiheit für mehrere Jahre.

Das *Ius emphyteuticum* erfreute sich im 4. Jahrhundert einer großen Beliebtheit[3] und man begann bald seine Anwendung auch auf nicht verödete Grundstücke auszudehnen. Dieses bezeugt uns eine Constitution der Kaiser Valentinian II., Theodosius und Arkadius vom Jahre 386.

l. 30 C. Th. 5, 13 (= l. 7 C. 11, 59): *Quicunque defectum fundum patrimonialem exercuerit, instruxerit, fertilem idoneumque praestiterit, salvo patrimoniali canone, perpetuo ac privato iure defendat, velut domesticum et avita successione quaesitum sibi habeat . . . . . Ceterum eos, qui opimas ac fertiles retinent terras aut etiam nunc sibi aestimant eligendas, pro defecta scilicet portione summam debiti*

[1] tit. C. *de omni agro deserto* 11, 59; die Reihe der Verordnungen beginnt mit Aurelian (l. 1).

[2] *Magno labore impenso aut exhausto patrimonio meliorare:* l. 17 C. 11, 59 (= Nov. Theod. 26, 1; a. 444).

[3] Die Ansicht Brunners (Z. der Sav.-Stift., germ. Abt. V, p. 76ff.), daß die Emphyteusis nur im Orient üblich gewesen sei, trifft nicht zu: von den Constitutionen des 4. Jahrh., die sich mit dem *Ius emphyteuticum* befassen, entfällt die reichliche Hälfte auf den Westen. Vgl. auch Augustin. adv. litt. Petiliani II, 184.

praesentis iubemus implere: eos etiam qui emphyteuticario nomine nec ad plenum idoneas nec omnimodis vacuas detinent, sic ex illis quoque, quae praesidio indigent, iustam ac debitam quantitatem debere suscipere, ut indulto temporis spatio, post biennium decretum canonem solvendum esse meminerint. Ii autem, qui proprio voluntatis assensu nunc, quod permisimus, elegissent, neque sibi nunc opimum aliquid et conducibile vindicarint, sed tantum nuda et relicta susceperint, triennii immunitate permissa, debitum canonem pendant. Nemo ... summoveatur, quominus ad diacatochiae vicem defectas possessiones patrimonialis iuris accipiat, earum tributa et canonem soluturus.

Diese Constitution ist von Wiart[1] so ausgelegt worden, als ob der *emphyteuticarius* allgemein zwei Jahre Abgabenfreiheit zu beanspruchen gehabt hätte. Dieses kann man aber aus der Stelle nicht herauslesen: der Inhalt der Verordnung ist folgender:

1. Wer bisher einen brachliegenden *fundus patrimonialis* übernommen und angebaut hat, soll ihn zu *ius privatum (salvo canone)* besitzen.

2. Für die Zukunft soll folgendes gelten:

a) Wer nur brachliegendes Land in Besitz nimmt, genießt dreijährige *immunitas.*

b) Wer *emphyteuticario nomine terras nec ad plenum idoneas nec omnimodis vacuas,* also Land mittlerer Güte, innehat, soll auch eine Quote brachliegenden Landes mit übernehmen und, nach einer Frist von zwei Jahren, auch für dieses die Pacht zahlen.

c) Wer nur *terras opimas ac fertiles* besitzt *(retinet, C. J. possidet),* muß ebenfalls ein Stück Brachland mit hinzunehmen und für dieses sofort den Kanon entrichten.

Zu welchem Rechte die Besitzer sub a) und c) ihre Güter gepachtet haben, wird nicht gesagt, aber aus b) scheint sich zu ergeben, daß in allen drei Fällen das *ius emphyteuticum* gemeint ist.

Jedenfalls ist der Pächter der *terrae nec ad plenum idoneae* ein emphyteutischer Besitzer, und zwar ist er dies schon vor der Übernahme der *agri deserti*, die ihm durch unser Gesetz auferlegt wird. Man kann also aus der l. 30 nicht entnehmen, daß bei

---

[1] p. 53. 79.

jeder Emphyteusis zweijährige *immunitas* gegolten habe: diese wird nur gewährt für die *partes defectae*, die der Pächter zu dem früher innegehabten emphyteutischen Besitz hinzu nehmen muß.

Ist diese Erklärung richtig, so ergiebt sich aus unserer Stelle, daß die Emphyteusis zur Zeit Theodosius' I. nicht mehr nur auf *agri deserti*, sondern auch auf anderen Ländereien Anwendung fand. Wie es in diesem Falle mit der *immunitas* stand, ist weder aus der l. 30 noch aus anderen Quellenstellen zu entnehmen. Möglich ist es immerhin, daß auch in diesem Falle dem Pächter für eine Reihe von Jahren Abgabenfreiheit gewährt wurde. Immer ist aber für die Emphyteusis die Meliorationspflicht charakteristisch: sie erscheint noch Justinian als etwas selbstverständliches.[1]

Wir haben die Geschichte der Emphyteusis bis in das 4. Jahrhundert hinein verfolgt und müssen nun suchen, uns von der Gestalt, die sie in jener Zeit angenommen hatte, eine Vorstellung zu verschaffen.

Die Verleihung zu *ius emphyteuticum* wird zuweilen unter den allgemeinen Ausdrücken *locatio* und *conductio* mit inbegriffen;[2] an anderen Stellen dagegen wird der *emphyteuticarius possessor* vom *conductor* unterschieden.[3]

Das emphyteutische Nutzungsrecht entsteht durch Vertrag; von der Entstehung durch bloße Occupation, die die *Lex Hadriana* kennt, ist in den Quellen des 4. Jahrhunderts nicht mehr die Rede.[4] Die regelmäßige Form der Verpachtung scheint die Versteigerung gewesen zu sein.[5] Der Emphyteuticarius hat folgende Rechte:

1. Den Nießbrauch am Grundstück im gleichen Umfang, wie der *perpetuarius conductor*. Das Grundstück darf ihm nicht entzogen werden, außer in ganz bestimmten, vom Gesetz vorge-

---

[1] l. 2 § 1; l. 3 pr. § 1 C. 4, 66.

[2] l. 17 C. Th. 5, 13 (364); l. 6 C. Th. 13, 11 (396); der *emphyteuta* wird *conductor* genannt l. 18 C. Th. 5, 13 (365).

[3] l. 54 C. Th. 16, 5 (414); *emphyteusis vel conductio* l. 7 C. Th. 10, 3 (417).

[4] l. 30 pr. C. Th. 5, 13 (386) handelt es sich um das *ius privatum salvo canone*.

[5] l. 18 C. Th. 5, 13 (365).

sehenen Fällen (*commissum*). Dahin gehört vor allem die Pachtversäumnis während einer gewissen Zeit.[1] Constantius sah allerdings auch darin einen Anlaß zum *commissum*, daß die *emphyteuticarii* eine willkürliche Steigerung des Kanon nicht annehmen wollten: er entzog diesen Pächtern ihre Grundstücke. Valentinian I. jedoch beeilte sich, den früheren Zustand wieder herzustellen und den *emphyteuticarii* ihren Besitz für alle Zeit zu sichern.

2. Daß dem *emphyteuticarius* in dieser Zeit eine dingliche Klage gegen Dritte zustand, ist, nach Analogie der *Actio vectigalis*, anzunehmen. Ob er freilich auch gegen den Fiskus wegen Besitzentziehung klagen konnte, ist eine Frage, die sich nicht beantworten läßt.

3. Der emphyteutische Besitzer ist nicht *dominus fundi*, obwohl sein Recht mitunter als *dominium* bezeichnet wird:[2] darum hat er nicht das Recht, Sklaven, die zum *fundus* gehören, frei zu lassen.[3]

4. Er kann sein Recht vererben und veräußern.[4] Veräußerung ohne den Consens der Behörde hatte wohl die Wirkung, daß der frühere Besitzer für den Kanon mit verhaftet blieb.

Die Pflichten des *emphyteuticarius* sind folgende:

1. Die Pflicht zum Anbau und zur Melioration des Grundstückes: wahrscheinlich zog schon die Vernachlässigung dieser Pflicht, wie die Verschlechterung, den Heimfall des Gutes an den Fiskus nach sich.

2. Die Entrichtung eines jährlichen Pachtgeldes (*canon, pensio, vectigal*). Aus den Gesetzen des 5. Jahrhunderts gewinnen wir den Eindruck, als ob auf den emphyteutischen Domanialgütern dieser Kanon mit der Grundsteuer zusammen erhoben und ver-

---

[1] l. 5 C. Th. 3, 30 (330 = l. 2. 3 C. 3, 30); — l. 2 § 1 C. 4, 66 (529), l. 4 § 3 eod. (531/34) berechtigen den Eigentümer nach dreijähriger Säumnis zur *reiectio* des *emphyteuta*, doch werden l. 39 C. Th. 5, 13 (434) viel ältere Rückstände erlassen. — Ein anderer Grund zum *commissum* war die Verschlechterung des Grundstücks. Vom *commissum* im allgemeinen reden l. 16, l. 18 C. Th. 5, 13 (364. 365), l. 4 C. 11, 62 (368).

[2] l. 4 C. 11, 62 (368).

[3] l. 2 C. 11, 63 (367); vgl. 11, 12 C. 11, 62.

[4] l. 1 C. 11, 62 (315); l. 39 C. Th. 5, 13 (434).

rechnet worden wäre, ja mit ihr gewissermaßen ein ganzes gebildet hätte. So lesen wir l. 19 C. Th. 11, 7 (412): *Honorius et Theodosius A. A. Euchario proconsuli Africae. Tertiam partem canonis fundorum privatorum vel sextam emphyteuticorum ex kal. Mart. .. reliquam vero canonis summam ex kal. Iul. par erit postulari etc.* Damit ist ein Gesetz Valentinians III. zu vergleichen, das sich ebenfalls auf Afrika bezieht:[1] .. *retractis septem partibus (tributi), octavam tam privatae quam emphyteuticae glebae possessor agnoscat; pro qua octava omnibus titulis ad unum redactis, quos possessor vel civis quolibet nomine praestare consueverat, 4200 solidos tantum et 1200 militares annonas et 200 capitum Numida provincialis ex solvat ..* Unter *privata gleba, fundi privati* sind die Güter Privater, nicht, wie Gothofredus u. A. gemeint haben, die Ländereien der *res privata* zu verstehen. Wir sehen aus diesen Stellen, daß der emphyteutische Kanon der afrikanischen Domänen damals im Begriff war, mit der Grundsteuer zu verschmelzen.[2] Die *fundi emphyteutici* werden ebenso angesehen, wie die privaten Ländereien, nur das ihre Abgabe (Kanon und Grundsteuer) höher ist, als die jener (Grundsteuer allein). Man hat angesichts dieser Thatsachen mit Recht von einer „Unifizierung der Bodenabgaben“ gesprochen.[3]

Wir haben gesehen, daß im 4. Jahrhundert zu *ius emphyteuticum* ausschließlich *fundi patrimoniales* und Stadtgüter vergeben wurden, das *ius perpetuum* dagegen sowohl bei den *fundi patrimoniales*, wie bei den *fundi rei privatae* zur Anwendung kam. Die Unterscheidung von *ius perpetuum* und *ius emphyteuticum* tritt noch in einer Novelle Valentinians III. von 449 zu Tage. Dann aber beginnen die beiden Institute zu verschmelzen oder, besser gesagt: die Emphyteusis verdrängt das *Ius perpetuum* und ist fortan die allein übliche Form der Erbpacht an öffentlichem Grund und Boden. Zur Zeit Justinians ist das *Ius perpetuum* so sehr in Vergessenheit geraten, daß die Compilatoren sich veranlaßt sehen, den Ausdruck durch den Zusatz

---

[1] Nov. Val. 18 § 1 (445); vgl. l. 7 C. Th. 10, 3 (417).

[2] Inwieweit dies für die übrigen Provinzen gilt, wo die Verhältnisse vielleicht weniger stabil waren als in Afrika, ist nicht zu entscheiden.

[3] Weber, p. 208; vgl. Meitzen, p. 349.

„*hoc est emphyteuticum*“ zu erklären.[1] Diese Bemerkung paßt für die Zeit Justinians, wo thatsächlich die Emphyteusis das *ius perpetuum* war. Aber man darf dabei nicht übersehen, daß in der früheren Zeit das *Ius perpetuum* die normale Form der Erbpacht, die Emphyteusis dagegen eine Ausnahmeform für die Verwertung der *Agri deserti* darstellte.

Aber noch nach einer andern Seite hin hat sich das Anwendungsgebiet der Emphyteusis erweitert. Seit dem Ende des 5. Jahrhunderts wurden auch Privatgüter emphyteutisch verpachtet.[2] Damit trat das Institut aus dem öffentlichen Recht in das Gebiet des Privatrechts hinüber. Jetzt wurde es notwendig, seinen juristischen Charakter festzustellen. So lange die Emphyteuse nur eine Einrichtung des kaiserlichen Verwaltungsrechtes gewesen war, hatte dazu kein Bedürfnis vorgelegen.[3] Der Kaiser Zeno erklärte nun, in Anlehnung an eine von Gaius stammende Definition des *Ius in agro vectigali*, die Emphyteusis sei weder Kauf noch Pacht, sondern ein eigentümliches Recht mit einer *conceptio et definitio propria*.[4]

Auf den dogmatischen Ausbau des Institutes durch Zeno und Justinian, auf die Haft für *casus*, das Vorkaufsrecht des Verkäufers und die Handänderungsgebühr brauchen wir uns nicht einzulassen: wie weit man dabei an frühere Gebräuche anknüpfte, wissen wir nicht. Uns genügt es, die historische Entwickelung der Emphyteuse bis auf Justinian verfolgt zu haben.

II. Das Verhältnis der Domänen zu der ordentlichen Verwaltung.

Wir haben im Verlauf dieser Untersuchung schon mehrmals die Frage nach dem Verhalten der Domänen zur ordentlichen Verwaltung gestreift. Wir haben jetzt auf diese interessante und schwierige Frage näher einzugehen. Es wird sich dabei um ein Dreifaches handeln: wie verhält sich die Domäne zur ordentlichen Steuerverfassung? wie zur Gerichtsverfassung und wie zu der städtischen Gemeindeverfassung?

---

[1] l. 2 C. 1, 33 vgl. mit l. 1 C. 1, 11.

[2] Auf die kirchliche Emphyteuse habe ich nicht einzugehen.

[3] Pernice a. a. O. [4] l. 1 C. 4, 66 (476/84).

Die wichtigste Steuer des römischen Kaiserreichs ist die Grundsteuer *(tributum soli, iugatio, capitatio)*, die unter Diocletian neu organisiert und auch auf das bisher steuerfreie Italien ausgedehnt worden war. Eine Ergänzung der eigentlichen Grundsteuer bildete die *annona*, Lieferung von Getreide, Fleisch, Wein und anderen Naturalbeträgen für das Heer und die Beamten, den Unterhalt des Hofes und die Ernährung der Hauptstädte. Auch die Annona ruhte auf dem Grundbesitz und wurde nach den gleichen Gesichtspunkten verwaltet, wie die eigentliche Steuer. Daneben gab es noch eine Kopfsteuer *(capitatio)*, die besonders auf den Kolonen lastete.

Zu diesen ordentlichen Abgaben kamen dann noch außerordentliche Leistungen *(munera extraordinaria)*:[1] außerordentliche Zuschläge zur Steuer oder zur *annona (superindictiones, augmenta)*, die Stellung von Rekruten und von Pferden für das Heer oder für die Reichspost. Mit diesen *munera extraordinaria* wird häufig eine andere Kategorie von Leistungen zusammengestellt, die *munera sordida*.[2] Diese Klasse umfaßt eine große Anzahl der verschiedensten Dienste: Fronden für den Wege- und Brückenbau, Lieferung von Bauholz, Brennholz oder Kohlen, Kalkbrennen für die öffentlichen Bauten; ferner Quartierpflicht, Mehlbereitung und Brotbacken für durchziehendes Militär, die Stellung von Pferden und Lastwagen für die Nebenstraßen der Post *(paraveredi* und *parangariae)* u. s. w.

Die Frage, wie sich das Domanialland gegenüber allen diesen Abgaben und Diensten verhielt, ist bei dem Stand unserer Quellen nicht leicht zu beantworten.[3] Nicht, daß es in den Codices an Angaben über diesen Gegenstand fehlte: gerade die große Menge der wirklich oder scheinbar sich widersprechenden Bestimmungen bereitet der Untersuchung Schwierigkeiten, sodaß vieles unsicher bleibt.

Die *res privata* ist als Krongut wohl von Anfang an steuerfrei gewesen: noch ein Gesetz Constantins hält diesen Zustand auf-

---

[1] Goth. paratitl. zu tit. C. Th. 11, 16; l. 4 h. t. (328).

[2] l. 15 C. Th. 11, 16 (382 = l. 12 C. 10, 47); l. 18 eod. (390).

[3] Vgl. Kuhn a. a. O. p. 275. — Wiart, p. 55—65; diese Schriftsteller kommen zu Ergebnissen, die von den unseren ziemlich stark abweichen.

recht.[1] Wenn aber in einer Verordnung von 343[2] den Pächtern und Kolonen der *res privata* Freiheit von der *superindictio* zugestanden wird, so scheint daraus hervorzugehen, daß die *res privata* damals der ordentlichen Steuer *(canonici tituli)* unterworfen war. Vielleicht darf man annehmen, daß die Söhne Constantins, die sich in fortwährender Geldverlegenheit befanden, die alte Immunität des Krongutes beseitigt haben.

Eine Constitution Julians, die Valentinian I. bestätigte,[3] enthielt den Satz: *ut actores rei privatae minime necessitatibus tererentur atque afflictarentur iniuriis.* GOTHOFREDUS denkt dabei an *extraordinaria onera,* doch liegt dazu meines Erachtens kein Grund vor. Wenn man die Bestimmung Julians auf die herkömmliche Steuer bezieht, so würde sich daraus ergeben, daß Julian, wie so häufig, die Verfügung seiner Vorgänger umgestoßen und die *res privata,* oder wenigstens die Regiegüter wiederum für steuerfrei erklärt hat.

Ein Gesetz von 382 wiederholt die Befreiung von *extraordinaria* und *superindictiones*:[4] wir wissen auch hier nicht, ob es erlaubt ist, daraus auf die Verpflichtung zu den *canonici tituli* zu schließen.

Sicheren Boden betreten wir dagegen mit l. 8 pr. C. Th. 13, 10 (383):

Nemo aliquid immune possideat et sit irritum, si quid domui nostrae tale concessimus.

Hier wird mit klaren Worten die Steuerpflicht der *domus nostra (= res privata)* ausgesprochen. Damit stimmen die späteren Gesetze überein: Aus l. 3 pr. C. 7, 38 (396) erfahren wir, daß die Besitzungen der *res privata* in den Censuslisten verzeichnet sind, was wiederum auf ihre Steuerpflicht hinweist.[5] Dasselbe Resultat ergeben drei Constitionen des 5. Jahrhunderts.

L. 3 C. 11, 74 (402/18). *Omnia praedia, tam ea quae in re privata olim tenentur, quam illa quae ex proscriptorum bonis ad fiscum sunt devoluta, eatenus ab huiusmodi privilegiis et excusationi-*

---

[1] l. 1 C. Th. 11, 1 (315?). [2] l. 5 C. Th. 11, 16 (= l. 1 C. 11, 75).
[3] l. 2 C. Th. 10, 4 (365). [4] l. 13 C. Th. 11, 16 (= l. 10 C. 10, 48).
[5] Allerdings würde schon die Verpflichtung zur *annona* dies rechtfertigen. Vgl. die öfters angeführte Inschrift von Mylasa.

bus submoveantur, ut omnes species annonarias, cursitationes etiam debitas atque integram opinionem sciant esse solvendam.

Opinio ist gleichbedeutend mit *census* und kann gar nichts anderes sein, als die Grundsteuer.

L. 2 C. Th. 11, 5 (418 = l. 1 C. 10, 17). *Omnes . . . quod delegatio superindicti nomine videtur amplexa velut canonem cogantur inferre et . . . decernimus, ut id potius canonis vocabulo postuletur. Nulla igitur domus vel sacri patrimonii (= rei privatae) vel emphyteutici iuris vel hominum privatorum . . . ab hac necessitate seiuncta sit, quae iam non extraordinarium, ut hactenus, sed . . . canonicum nomen accepit.*

Durch dieses Gesetz wird eine *superindictio* mit der Steuer zu einem Ganzen verschmolzen und unter anderen den Gütern des *res privata* auferlegt: diese waren also damals zur ordentlichen Steuer verpflichtet.

Endlich noch eine Verordnung vom Ende des Jahrhunderts: l. 2 C. 11, 69 (475/84): *Meminimus pragmatica sanctione iussisse fundos tamiaci iuris in provinciis positos . . . sub certa forma, salvo scilitet canone et tributariis functionibus isdem praediis impositis, volentibus distrahi.*[1]

Es handelt sich um die Veräußerung von *praedia tamiaca* zu *ius privatum salvo canone;* außer dem Canon haben die Grundstücke auch die *tributariae functiones* zu leisten. *Salvo canone et tributariis functionibus* kann auch nicht den Sinn haben, daß die *praedia tamiaca* erst im Moment des Verkaufs grundsteuerpflichtig wurden: sie müssen es schon vorher gewesen sein.

Daß zur Zeit Justinians die *fundi rei privatae* steuerpflichtig sind, beweist die Aufnahme der eben angeführten Constitutionen in den Codex.

Diese Pflicht ist von Kuhn[2] und anderen bestritten worden. Kuhn stützt sich auf l. 4 C. Th. 5, 14 (ca. 365), worin die Veräußerung kaiserlicher Besitzungen zu *ius privatum salvo canone*

[1] Vgl. auch l. 8 C. 10, 19 (468): Pflicht der *domus divina* zu den *tributariae functiones* beizutragen.

[2] A. a. O., ebenso Wiart, p. 58, Karlowa, I, p. 906 n. 2. Auch die *Domus Placidiae* in Karien ist grundsteuerpflichtig (Inschrift v. Mylasa, hrsg. von Zachariae a. a. O.).

vorgeschrieben wird. Es heißt hier „*si quid adiecerit sumptus, cura, sollertia, quicquid mancipiorum vel pecoris accreverit, capitationis aut canonis augmenta non patiatur (dominus), sed solis dominis . . . sit cessura felicitas. Neque autem conferant ad glebam senatus neque ad conlationes auri sive argenti neque extraordinariis ceteris teneantur, sed ea sola devotione fungentur, quam annonaria statuti census publici ratione canon solennis efflagitat.*"

Capitatio scheint mir in diesem Zusammenhang auf die Kopfsteuer der Sklaven zu gehen, doch wäre auch möglich, daß die Grundsteuer gemeint ist. In den *conlationes auri sive argenti* will Wenck[1] die *follis*, eine besondere Abgabe der Senatoren, erblicken: aber diese Abgabe ist schon mit *gleba senatus* bezeichnet. Ich glaube, daß sich *collatio auri sive argenti* auf die außerordentliche Steuer der *donatae et relevatae possessiones* bezieht:[2] in einer anderen Constitution derselben Zeit (l. 1 C. Th. 11, 20 a. 363) wird von ihr diese Bezeichnung gebraucht. Auch die *fundi empti privato iure salvo canone* sind ja aus dem kaiserlichen Eigentum in den Besitz Privater übergegangen und es mochte daher nahe liegen, sie ebenso zu behandeln, wie die *donatae possessiones*. Diese Stelle bietet also der Ansicht Kuhns keine Stütze.

In zweiter Linie führt derselbe Forscher l. 13 C. Th. 11, 16 (382) an, aber diese Constitution spricht viel mehr gegen ihn, als für ihn. Sie verbietet nämlich, den Gütern der *res privata*, *praeter primum delegationis canonem* noch andere Lasten aufzulegen. *Delegatio* aber ist der technische Ausdruck für die Auferlegung der Grundsteuer und kann sich nicht auf den Pachtzins beziehen, sodaß sich auch aus dieser Stelle die Steuerpflicht der Krongüter ergiebt.

Gegenüber der *annona* hat eine Befreiung der *res privata* wohl nie bestanden: eine ganze Reihe von Quellenstellen beweist ihre Verpflichtung zur *solutio specierum solennium.*[3]

---

[1] Codicis Theodos. V libri priores, Lips. 1825, ad l. cit. p. 328.

[2] tit. C. Th. *de collat. donat. vel relev. possess.* 11, 20.

[3] l. 6 C. Th. 11, 7 (349); l. 12 C. Th. 11, 16 (380); l. 3 C. 11, 74 (402/18). Nach l. 4 C. Th. 5, 14 (399) geht die *annona* der *fundi rei privatae* (?) sonderbarerweise nicht an die *Arca praefecturae*, sondern an die *Sacrae largitiones.*

Dagegen sind die Ländereien des Krongutes, wie wir schon sahen, frei von den *superindictiones*. Trotzdem wird ihnen, zuweilen in Ausnahmefällen, z. B. bei der Lieferung von Getreide für die Grenzbesatzungen, wenigstens ein Teil, ein Drittel oder die Hälfte der Leistung auferlegt.[1]

Auch von den übrigen *munera extraordinaria* ist die *res privata* grundsätzlich befreit, doch wird dies Prinzip im einzelnen häufig durchbrochen. Eine Constitution von 380 legt z. B. den Krongütern die Stellung von Pferden für den Gothenkrieg,[2] eine andere von 408/10 Leistungen für den *Cursus publicus* auf.[3] Das wichtigste dieser *Munera* war aber die *praebitio tironum*. In einigen Provinzen zahlten die Grundbesitzer Geld statt der Rekruten, und zu dieser Zahlung sollte, laut einer Verordnung Valentinians I., auch die *res privata* herangezogen werden;[4] in den Provinzen aber, wo die *possessores* Rekruten stellten, sollte das Krongut frei sein. Spätere Constitutionen haben die Güter der *res privata* auch vom *pretium tironum* befreit,[5] aber in Ausnahmefällen, wie beim Gildonischen Kriege, wurde dieses Privilegium nicht beachtet.[6]

Ähnlich verhält es sich mit den *Munera sordida:* die prinzipielle Exemption des Kronguts[7] schützt nicht vor der Verpflichtung zu einzelnen Leistungen, z. B. zur *panis excoctio*.[8]

Die *fundi patrimoniales* sind der Grundsteuer unterworfen, da sie nicht Krongut, sondern Privatbesitz des Kaisers sind. Dies dürfen wir wohl schon aus den Verordnungen schließen, die den Patrimonialgütern Freiheit von den *extraordinaria onera* zusichern.[9]

---

[1] l. 4 C. Th. 11, 19 (398): die *media portio augmenti et superindicticii et onerum Rhaeticorum* (für den Limes), die den Domänen auferlegt worden, wird ihnen erlassen.

[2] l. 12 C. Th. 11, 16 (380). [3] l. 3 C. Th. 11, 74 (402/18).

[4] l. 2 C. Th. 7, 13 (365).

[5] l. 20 C. Th. 11, 16 (395 = l. 15 C. 10, 48); für die *urbicaria regio* l. 12 eod. (380).

[6] l. 12 C. Th. 7, 13 (397); vgl. l. 3 C. 11, 75 (397/98).

[7] l. 5 C. Th. 11, 16 (343 = l. 1 C. 11, 75).

[8] l. 2 C. Th. 7, 5 (404 = l. 2 C. 12, 38); ebenso zum Wegebau l. 4 C. Th. 15, 3 (399); l. 6 eod. (423 = l. 4 C. 11, 75).

[9] l. 1 C. Th. 11, 16 (319 = l. 2 C. 11, 65); l. 1 C. Th. 15, 3 (319 = l. 1 C. 11, 65).

Deutlich ausgesprochen wird die Steuerpflicht für die italischen *regiones annonariae* l. 2 C. Th. 11, 16 (323):

Ab extraordinariis omnibus fundi patrimoniales atque emphyteuticarii per Italiam nostram constituti habeantur immunes ut canonica tantum et consuta dependant, ad similitudinem per Africam possessorum.

Für das ganze Reich gilt eine Constitution Julians, l. 2 C. Th. 11, 19 (362 = l. 3 C. 11, 65):

Omnes qui patrimoniales fundos retinent, pro his conveniendi sunt ad universorum munerum functiones, sicut unumquemque privatorum necessitas publicae pensitationis adstringit.

Dieser Satz galt auch im Justinianischen Recht. Auch die *Massa Pyramitana*, die zum *patrimonium* Odovakars gehört, ist steuerpflichtig:[1] der Erwerber, Pierius, verspricht vor dem Stadtrat von Syrakus, die *fiscalia debita* zu zahlen. Darauf wird der Name des früheren Eigentümers aus den städtischen Steuerlisten gestrichen und der des neuen Erwerbers hingeschrieben *(uti iubeatis a polypticis publicis nomen prioris domini suspendi et nostri domini — Pierii — adscribi).*

Auch zur *annona* sind die *fundi patrimoniales* wohl zu allen Zeiten verpflichtet gewesen. Wenn kaiserliche Verordnungen die Patrimonialgüter in Afrika und Italia annonaria wiederholt von der Leistung der *munera extraordinaria* frei sprechen,[2] so geschah dies wohl hauptsächlich, um diesen Domänen die Kornlieferungen für den Hof und die Hauptstadt zu erleichtern.

Aber auch in den übrigen Provinzen waren die *fundi patrimoniales* von den *extraordinaria onera* im ganzen befreit.[3] Zu einzelnen Leistungen konnten sie durch besondere kaiserliche Verfügung herangezogen werden.[4]

Die Privilegien des Domaniallandes, die wir kennen gelernt haben, stehen in der römischen Reichsverfassung nicht isoliert da:

---

[1] Marini pap. No. 82. 83 (489).

[2] l. 2 C. Th. 11, 16 (323); l. 9 eod. (359); vgl. Goth. zu diesen Stellen.

[3] l. 1 C. Th. 11, 16 (319 = l. 2 C. 11, 65).

[4] l. 17 C. Th. 11, 16 (385). Die *media sive tertia portio* einer außerordentlichen Lieferung wurde mitunter den Schatullgütern auferlegt: l. 1 C. Th. 11, 16 (319), l. 4 C. Th. 11, 19 (398).

ähnliche, wenn auch geringere Vorrechte genossen die Güter der Kirche, die Ländereien der Senatoren[1] und Dekurionen[2] und insbesondere die Verpflichtung zu den *munera sordida* hat sich im Lauf der Zeit immer mehr auf den Kreis der mittleren und kleinen Grundbesitzer beschränkt.[3]

Über das Verhältnis der Domänen zu denjenigen Lasten, die auf der Person, nicht auf dem Grundbesitz ruhten, sind wir weniger gut unterrichtet.

Von der Kopfsteuer scheinen die Kolonen der *res privata* befreit gewesen zu sein, wenn anders unter *descriptio* in l. 5 C. 11, 68 (386) diese zu verstehen ist. Die Kolonen der Schatullgüter hatten dagegen die *capitatio* zu entrichten.[4]

Kaufleute und Gewerbtreibende waren von der Kopfsteuer befreit, zahlten aber eine besondere Gewerbesteuer *(lustralis collatio)*, der auch die *negotiatores* auf kaiserlichen Gütern unterworfen waren.[5]

In der früheren Periode hatten, wie wir sahen, die Prokuratoren der kaiserlichen *Saltus* eine gewisse Polizeigewalt und eine quasimunicipale niedere Gerichtsbarkeit[6] über die Bewohner des Gutsbezirkes ausgeübt, während diese in wichtigern Sachen vor dem Provinzialstatthalter Recht zu nehmen hatten. Die Insassen derjenigen Domänen, die nicht *saltus* waren, unterstanden wahrscheinlich den städtischen, und für größere Sachen den Provinzialgerichten.

Im 4. Jahrhundert beschäftigen sich mehrere Gesetze mit dem Gerichtsstand der Domänenbewohner. Constantin bestätigte wohl das frühere Recht, wenn er die Strafprozesse der kaiserlichen Aktoren und Prokuratoren dem ordentlichen Gerichte (im konkreten Fall ist es das des Diöcesanvikars[7]) überwies. Auch später noch hatten die *actores ceterique rei privatae nostrae* (nach der Interpretation *servi* und *coloni*) vor dem *Iudex ordinarius*

---

[1] Kuhn, I, p. 174 ff. [2] Ebenda p. 227 ff. [3] Meitzen a. a. O. I, p. 374.

[4] l. 6 C. Th. 11, 20 (430); ebenso Meitzen, I, 348.

[5] l. 5 C. Th. 13, 1 (364).

[6] Brunner, Deutsche Rechtsgesch. II, 288 f. — Bethmann-Hollweg, III, p. 78 f. — Schulten, p. 78. — Sickel, p. 119.

[7] l. 1 C. Th. 10, 4 (313; l. 8 C. 3, 26 als Gesetz Valentinians I. von 365).

Recht zu nehmen, doch bildete sich allmälig die Praxis aus, in solchen Fällen den *rationalis* oder Prokurator zuzuziehen.[1] Aus dieser Gewohnheit hat sich dann die Ansicht entwickelt, daß der Beamte der *res privata* den verklagten *conductor* oder *colonus* der Domäne vor Gericht zu stellen habe.[2] Valentinian II. verbot den ordentlichen Richtern geradezu, ohne diese Vermittelung der Domanialbeamten gegen die Leute der *res privata* vorzugehen.[3] Diese Verordnung bewährte sich aber nicht und wurde 398 von Honorius wieder aufgehoben.[4]

Alle diese Constitutionen bezogen sich nur auf eigentliche Criminalsachen. In Civilsachen hatten die Pächter der *res privata* ihren Gerichtsstand vor dem ordentlichen Richter, doch mußte dieser, weil dabei fiskalische Interessen in Frage kommen konnten, an den *Comes rei privatae* Bericht erstatten *(referre)*.[5] Die Verhandlungen fanden in Gegenwart des *Advocatus fisci (defensor domus nostrae)* statt.[6] Civilsachen und leichtere Strafsachen der Colonen unter einander richtete der Domänenbeamte, der *rationalis* oder Prokurator.[7]

Einen besonders privilegierten Gerichtsstand hatten, nach einem Gesetz Theodosius' II., die Bauern der kappadokischen *domus:* sie sollten in allen Sachen ausschließlich vor dem *Comes domorum* und dem ihm übergeordneten *Praepositus Sacri Cubiculi* belangt werden können.[8]

Wie verhielt sich nun das Domanialland zu der römisch-griechischen Gemeindeverfassung, die jetzt im ganzen Reiche durchgeführt war.[9]

Daß die großen *saltus* in Afrika und im Osten des Reiches außerhalb der Gemeinden standen, haben wir früher gesehen, in-

---

[1] l. 8 C. 3, 26 (358): „*praesente rationali vel procuratore domus nostrae*".
[2] l. 3 C. Th. 10, 4 (365). [3] l. 2 C. Th. 1, 11 (398).
[4] l. 2 cit. l, 11 C. Th. 2, 1.
[5] l. 6 C. 3, 26: es ist nicht richtig, wenn Bethmann-Hollweg p. 79 hier von einer Gerichtsbarkeit des *Comes rei priv.* spricht.
[6] l. 3 C. Th. 10, 4 (365?); der *defensor* ist nicht Richter, wie Schulten p. 79 meint.
[7] l. 7 C. 3, 26 (349), vgl. Brunner, p. 289 n. 16. [8] l. 11 C. 3, 26 (442).
[9] Weber, a. a. O. c. III u. IV. — Schulten a. a. O. — Sickel, Privatherrschaften, p. 119 f.

dessen muß die Zahl dieser selbständigen Gutsbezirke durch die gerade in diesen Gegenden so zahlreichen Städtegründungen stark vermindert worden sein.[1] Auch in Italien war die Anzahl der Gutsbezirke wohl nur sehr gering. Aber das Fortbestehen dieser Einrichtung bis in die späteste Zeit ist doch unbestreitbar.

Eine andere Frage ist aber die, ob die Domänen, die keine territorial selbstständigen Gutsbezirke bildeten, sondern von den Grenzen des städtischen Territoriums umschlossen wurden,[2] ebenfalls von der municipalen Obrigkeit eximiert gewesen seien? Diese Frage ist von neueren Forschern, von Weber, Schulten und zuletzt noch von W. Sickel entschieden bejaht worden, wie ich glaube mit Unrecht.

Zunächst ist zu sagen, daß große kaiserliche und Privatgüter innerhalb der städtischen Territorien durchaus nicht nur „Ausnahmen" sind, wie Schulten p. 2 meint. Schulten führt als einziges Beispiel ein Privatgut, die *Massa Praenestina terr. Prae(nestino)* an.[3] Wir haben aber gesehen, daß der *Liber pontificalis* unter den kaiserlichen Gütern eine große Menge italischer und afrikanischer Massae aufzählt, die sämmtlich *in territorio* einer Stadt liegen. Auch die Massae der Ravennatischen Urkunden liegen alle in einer Stadtflur.[4]

Man könnte nun meinen, Bestimmungen, wie „*Massa Pyramitana in territorio Syracusano*", wollten nur andeuten, daß das Gut

---

[1] Von der Umwandlung eines solchen Gutsbezirks in eine *civitas* berichtet Marcellin. Comes Chron. a. 518.

[2] Von der früher besprochenen Sonderstellung der italischen *fundi excepti* sehen wir hier ab.

[3] C. J. L. XIV, 2934.

[4] S. o. S. 69 n. 1. Vgl. Nov. Maior. 2 § 4 (458): *clarissimarum domorum vel potentum iubemus actores seu procuratores in his civitatibus iudici per provinciam discurrenti ius facere et exhibere praesentiam, in quarum territoriis praedia suorum sciant esse patronorum ... quod etiam sacrae domus nostrae observare iubemus actores.* — l. 8 C. 10, 19 (468): *Si divina domus .. fundos .. emptionis iure vel quolibet alio titulo legitimo possederit et non impositas rei publicae functiones agnoverit, quemadmodum prior dominus dependebat, omnibus modis possessiones .. publico vindicentur et curiae eiusdem civitatis, sub qua vici siti sunt, adsignentur ..* Also liegen die kaiserlichen Güter normalerweise innerhalb einer Stadtflur.

innerhalb der Grenzen des Territoriums liegt, nicht aber, daß es wirklich zu diesem gehört. SCHULTEN beruft sich auf die Befreiung der kaiserlichen Kolonen von den städtischen Munera; Callistratus sagt nämlich l. 6 § 11 D. 50, 6: „*Coloni quoque Caesaris a muneribus* (eine Handschrift fügt hinzu „*municipalibus*“) *liberantur, ut idoniores praediis fiscalibus habeantur.*“ Diese Befreiung der kaiserlichen Kolonen wird auch im Codex Just. mit Rücksicht auf das *munus tutelae* ausgesprochen.[1] Und l. 7 C. Th. 1, 32 werden die kaiserlichen Prokuratoren von der *instauratio operum publicorum*, der Beihilfe bei öffentlichen (städtischen) Bauten entbunden.

Aber diese Befreiungen beweisen die Exemption der kaiserlichen Güter von der städtischen Obrigkeit durchaus nicht. Auch andere Stände, wie Ärzte, Rhetoren, Veteranen, sind von den städtischen *munera* ganz oder teilweise befreit, ohne deswegen weniger unter den städtischen Magistraten zu stehen.

Zudem ist die Befreiung der kaiserlichen Güter nicht vollständig. Vielmehr scheint mir folgendes gegen diese Ansicht zu sprechen:

1. Die Bestimmung „*in territorio*“ wird bei Domänen genau so angewandt, wie bei den Gütern Privater.

2. Die *pascui saltus rei privatae* werden nach einer Constitution von 365[2] durch die städtische Curie verpachtet, doch lege ich auf dieses Argument kein großes Gewicht.

3. Die *fundi rei privatae* stehen nach l. 3 pr. C. 7, 38 (395) in den Censuslisten. Es gab nun solche Verzeichnisse sowohl bei den Städten wie bei den Provinzialstatthaltern. Wir erkennen aber aus zwei andern Stellen, daß die Domänen in den städtischen Steuerrollen verzeichnet stehen.[3]

l. 2 C. Th. 10, 4 (365): *Divum Julianum hoc .. decrevisse comperimus, ut actores rei privatae nostrae minime necessitatibus tererentur atque afflictarentur iniuriis, quas saepe numero rectores pro-*

---

[1] l. 13 C. 5, 34 (409). [2] l. 2 C. Th. 7, 7.

[3] Auch die Inschrift von Mylasa (Berl. Sitz.-Ber. 1879, p. 159) spricht für unsere Ansicht: bei der Erhebung der Grundsteuer (ζυγοκέφαλον) auf den Gütern der *domus Placidiae* sind beteiligt τάξεις καὶ βουλευτήρια (*officia et curiae*).

vinciarum vel arrogatione illicita principalium (GOTH. *principales*) *vel propriis decretis ordinis* (GOTH. *ordines*) *fieri censuissent.*

Wenn man die Lesart GOTHOFRED's annimmt, so ergiebt sich, daß die Ordines den Versuch machten, die damals steuerfreie *Res privata* zu besteuern.

Einen deutlichen Beweis für unsere Auffassung liefert nun aber die schon mehrfach angeführte Schenkung Odovakars an Pierius.[1]

Das Objekt der Schenkung ist die *Massa Pyramitana in territorio Syracusano.* Die Schenkung wird zunächst von dem Stadtrat von Ravenna, wo Odovakar und wohl auch Pierius sich aufhalten, zu Protokoll gegeben. Darauf begeben sich die Vertreter *(actores)* des Pierius mit dem königlichen Chartarius nach Syrakus: dort wird, nach einigen Verhandlungen vor dem städtischen Magistrat, unter Zuziehung eines städtischen Ausschußmitgliedes *(decemprimus)* die Besitzübergabe vollzogen. Dann erscheinen die Parteien wiederum vor dem städtischen Magistrat: die Vertreter des Pierius erklären, ihr Herr wolle die Steuern *(fiscalia competentia)* zahlen, und ersuchen den Magistrat, *uti iubeatis a polypticis publicis nomen prioris domini* (des Königs) *suspendi et nostri domini adscribi.*

Durch diese Urkunde wird, wie mir scheint, nicht nur die Lage der Massa innerhalb der städtischen Grenzen, sondern auch ihre Zugehörigkeit zur Stadtflur und ihre Abhängigkeit von der städtischen Curie hinreichend bewiesen.

[1] Marini pap. No. 82f.

Druck von Metzger & Wittig in Leipzig.

FSC
www.fsc.org
MIX
Papier | Fördert gute Waldnutzung
FSC® C083411

Kolibri 360 GmbH
Ferdinand-Jühlke-Straße 7
99095 Erfurt, Deutschland
produktsicherheit@kolibri360.de